Curt Heinrich von Broizem

Journale, Schriftstücke und Briefe

aus dem Feldzug 1807

Beiträge zur sächsischen Militärgeschichte zwischen 1793 und 1815

Heft 82

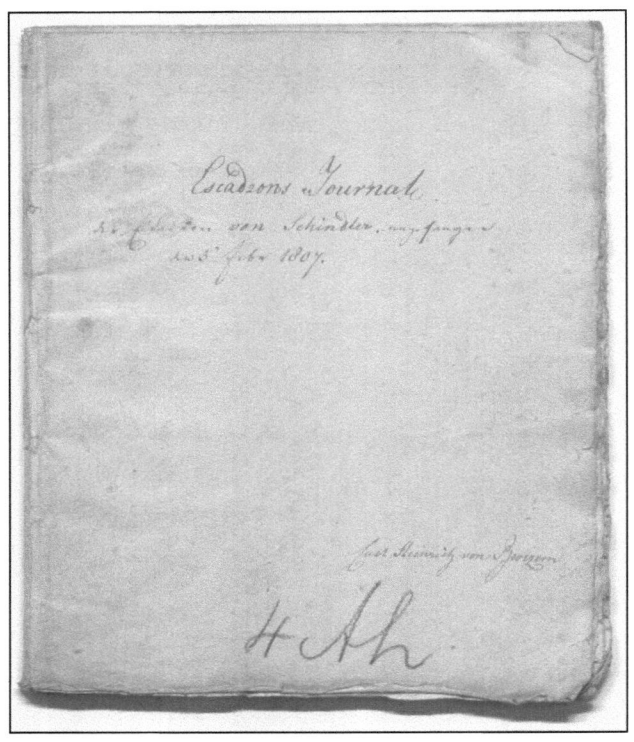

Abb. 01   Deckblatt des von Curt Heinrich von Broizem geführten Eskadrons-Journals

Curt Heinrich von Broizem

Journale, Schriftstücke und Briefe

aus dem Feldzug 1807

Bibliographische Information der Deutschen Bibliothek

Die Deutsche Bibliothek verzeichnet diese Publikation in der Deutschen Nationalbibliographie; detaillierte bibliographische Daten sind im Internet über http://dnb.ddb.-de abrufbar.

Die Deutsche Bibliothek – CIP – Einheitsaufnahme

Jörg Titze (Hrsg.)

Curt Heinrich von Broizem

Journale, Schriftstücke und Briefe aus dem Feldzug 1807

ISBN: 978-3-7578-2071-8

© 2023 Jörg Titze

Herstellung und Verlag:

BoD - Books on Demand, Norderstedt

1.   Einleitung

In der Folge wird ein Unterlagenkonvolut wiedergegeben, welches sich im Familiennachlass von Broizem[1] / von Kirchbach[2] befindet. Diese Unterlagen stammen aus dem Feldzug von 1807, an dem Curt Heinrich von Broizem[3] als Sousleutnant im Regiment von Polenz Chevauxlegers teilnahm.

Da die sächsische Kavallerie nach dem unglücklichen Feldzug von 1806 fast alle Pferde an die französische Kavallerie hatte abgeben müssen, konnte für den Feldzug von 1807 nur eine kombinierte Eskadron aus den Regimentern Prinz Johann und von Polenz in der Stärke von 9 Offizieren und 190 Mann aufgestellt werden, bei der Curt von Broizem die Funktion eines Eskadrons-Adjutanten versah.

Da Verhältnis zwischen dem Eskadronskommandanten, Major von Schindler und Curt von Broizem scheint nicht das beste gewesen zu ein, so dass die Adjutanten-Funktion am xx.xx. aufgehoben wurden und C.v.B. wieder Eskadronsdienst versah.

In der Schlacht bei Friedland am 14.06. wurde C.v.B. durch das Springen einer Granate unter seinem Pferd am linken Bein der Knochen oberhalb des Knöchels zerschmettert. Um einer Ausbreitung des Wundbrandes zuvorzukommen, wurde am 29.06. der Fuß unterhalb der Wade durch den Ober-Chirurgen Heber abgenommen. Die Amputation verlief zufriedenstellend und die Wunde ließ für die Folge eine gute Heilung vermuten. C.v.B. infizierte sich jedoch in der Folgezeit mit dem Nervenfieber (Typhus) und verstarb am 23.07.1807 im sächsischen Lazarett im Kloster Pelplin[4].

---

[1] Der Name wird in den Unterlagen unterschiedlich geschrieben und umfasst die Varianten Broizem, Broitzem, Broizen und Broitzen.

[2] Bestand 11576 im Sächsischen Hauptstaatsarchiv Dresden

[3] ✳ 01.07.1783 in Dresden, † 23.07.1807 Kloster Pelplin

[4] Pelplin liegt im Norden der polnischen Woiwodschaft Pommern, Powiat Tczewski, ca. 20 km südlich Dirschau.

Aus dem Nachlass werden nachfolgend an den Feldzug von 1807 betreffend wiedergegeben:

I. Das Feldzugs-Journal der Eskadron von Schindler, geführt vom 03.02. - 08.05.1807 (Seite 7)

II. Diverse dienstliche Schriften (Bestandsrapport, Befehle) (Seite 35)

III. Briefe von Curt von Broizem an seinen Vater Carl Victor August von Broitzem, Vize-Präsident[5] des königlich sächsischen Geheimen Kriegs-Rats-Kollegiums (Seite 41)

IV. Briefe des Ober-Chirurgen Johann Gottlob Heber an den Vater Carl Victor August von Broitzem (Seite 49)

Dem interessierten Leser wünsche ich eine interessante Lektüre.

Eilenburg im Juni 2023

Jörg Titze

---

[5] Patent vom 03.01.1804

I. Eskadrons-Journal

Eskadrons-Journal
der Eskadron von Schindler, angefangen den 3n Febr: 1808

Curt Heinrich von Broizem

Den 3n Febr: 1807   marschierte das Detachement des Regiments von Polenz unter den Kommando des Herrn Hauptmann v.Raschau durch Dresden und bezog die Kantonierungsquartiere bei Dresden in den Dörfern Reik, Mockritz, Prohlis, Nickern, Leubnitz pp., wo es das Detachement des Regiments Prinz Johann vorfand, und mit selbigen eine Eskadron formierte deren Kommando der Hr. Major von Schindler übernahm.

Das Detachement des Regiments Prinz Johann besteht aus
    1 Major von Schindler
    1 Cap: von Pape
    1 Pr:Lt: v.Böltzig
    2 Slt: v.Planitz, v.Wiedebach
115 Mann, 115 Pferde

Reg: v.Polenz
    1 Cap: v.Raschau
    1 Pr:Lt: v.Trotha 3n
    2 Slt: v.Dürfeld, v.Broizem
  75 Mann, 75 Pferde

Summa: 9 Offiziers, 2 Wachtmeister, 2 Fahnjunker, 2 Trompeter, 2 Fouriers, 2 Chirurgen, 2 Schmiede, 14 Corp:, 164 Dragoner
190 Mann, 190 Pferde

Den 4n   erhielt die Eskadr: Ordre, die Avantgarde der 1n Kolonne zu bilden unter Kommando des Hrn. General von Oebschelwitz und marschierte darauf

den 5n Febr: en Parade mit dieser Kolonne durch Dresden in die Nachtquartiere Biela, Loschwitz, Weißig pp.

Den 6n Febr: setzte die Eskadron ihren Marsch bis Putzkau und Belmsdorf, erhielt aber diesen Tag Ordre, sich von der Kolonne zu trennen, und über Spremberg nach Fürstenberg zu marschieren um in Verein mit dem Kaiserl: franz: Truppen einen in dortiger Gegend streifenden preußischen Parteigänger Lt: Schill mit Mehreren zu vertreiben.

Den 7n Febr: Nachtquartier Königswartha und Neschwitz

Den 8n Febr: Nachtquartier Spremberg, hier traf ich von meinem Urlaub nach Dresden bei der Eskadron ein.

Den 9n Febr: setzten wir unseren Marsch bis Schenkendorf und Nimätsch fort, nachdem wir in Forste gefüttert und den Soldaten einige Erfrischung gereicht hatten.

Den 10n Febr: Um 9 Uhr aufgebrochen, im Kloster Neuen Zelle wurde den Dragonern einige Erfrischung gereicht und um 4 Uhr Nachmittags rückten wir ins Nachtquartier Fürstenberg ein. Von einem französischen Chasseur Capitaine des 23 Regiments, welchen wir unterwegs begegneten, erfuhren wir, dass in Fürstenberg eine Ordre des Hrn: Division General Clarke Com: v. Berlin an den Hrn: Maj: v.Schindler angekommen sei. Dieser Ordre zufolge sollen wir uns den 12n huj: in Crossen mit einem Korps franz: Truppen vereinigen und unter dem Befehl des Colonel Lator Aide de Camp des Gen: Clarke die preuß: Parteigänger entweder aufsuchen oder unsern Marsch nach Posen zur großen Armee fortsetzen. Gleich nach uns rückten 82 Mann franz: Garde Chasseur Grenadier à pied unter dem Befehl eines Capitaines in Fürstenberg ein und gaben die nötigen Sicherheitsposten und Patrouillen. Alle Fahrzeuge wurden noch den selbigen Abend auf das diesseitige Ufer der Oder gebracht, einen einzigen Kahn ausgenommen, welcher eine halbe Meile aufwärt beim so genannten Dammhause sich befand.

Den 11n Febr: Um $1/_2$ 11 Uhr setzten wir unsern Marsch fort und errichten um 3 Uhr Guben, wo wir einquartiert wurden. Der Etat der Eskadron ist folgender:

Die Eskadron besteht komplett   199 Mann   190 Pferde

Davon sind kommandiert

2 Corporals	2 Pferde	beim Generalstab
20 Gemeine	20 ʼʼ	
2 ʼʼ	3 ʼʼ	bei der Equipage
24 Mann	25 Pferde	

Krank

1 Mann im Lazarett zu Dresden, der Drag. Brendel Co. Rasch.

Marode Pferde

3 Pferde

Verbleiben zum Dienst   174 Mann   162 Pferde

Die Patronen wurden auf Befehl des Hrn. Major untersucht und die ausgelaufenen nachgefüllt, weil von morgen an alle Gewehr geladen werden.

Den 12ⁿ Febr: ging ich um 6 Uhr mit 2 Corp: 4 Dr: von Guben ab, um in Crossen für die Eskadron Quartier zu machen und unsere Ankunft den Colonel Lator, welchen wir noch daselbst vermuteten, zu melden; allein ich traf daselbst weder franz: Truppen noch einige Verhaltungsbefehle, die einzige Nachricht, die ich einziehen konnte war, dass dieses Korps über Züllichau wahrscheinlich seinen Marsch nach Posen fortgesetzt habe. Zu unserer Sicherheit für diese Nacht wurden folgende Maßregeln ergriffen:

Bereitschaft	1Pr:Lt: v.Böltzig, 1 Slt: v.Dürfeld	diese traten
	25 Pf: Pr: Joh: incl. 2 Unteroff:	1/2 8 Uhr
	15 Pf: v.Polenz ʼʼ 2 ʼʼ	auf
	40 Pf:	
Wache	am Odertor 1 Untoff. 6 M.	traten
	am Glogauertor 3 ʼʼ	um 6 Uhr
	am Amtssteg 3 ʼʼ	auf
	1 Corp. 12 M.	

Alle Tore waren gesperrt und jeder Mann musste die Nacht bei seinem Pferd bleiben, da die Nachricht eingegangen war, dass 1 Meile von hier in Bobersberg eine preuß: Patrouille sich habe sehen lassen.

Den 13n Febr: in der Nacht trifft eine Ordre des Colonel Lambert v. 23 Chasseurregiment ein nach welcher wir nach Christianstadt aufbrechen sollen um uns mit den Capt: Shee v. eben denselben Regiment zu vereinigen, welcher gestern die Insurgenten bei Naumburg angegriffen und geschlagen und ihnen 15 Wagen abgenommen hat. Statt des Capt: Shee finden wir aber in dieser Stadt den Gl. Requin, welcher uns nebst einen Bataillon wirtenb: Infanterie u. 2 franz: Kanonen nach Naumburg einquartiert.

Feldwachen   1 U. 12 Dr. auf den Weg nach Crossen
            1 " 12 " auf den Weg nach Fraustadt
            -   2 Ord. an die Infanterie Feldwachen
               50 — Bereitschaft auf der Schäferei der
                     Probstei
       hierzu 1 Capt: v.Raschau, 1 Pr:Lt: v.Trotha

Gegen 10 Uhr Abends brach ein franz: Ch: Detachement v. 20 Pf: nach Sorau auf, wo wir Nachricht hätten, dass eine preuß: Patrouille brandschatzte, allein bei ihrer Ankunft hatte der Feind schon wieder die Stadt verlassen.

Parole Neptun u. Naples   Ralliement   Napoleon

Den 14n Febr: Parole Voir - Vivre   Raittonts Victoire

Um 8 Uhr mit dem Detachement des Gl: Requin nach Grünberg aufgebrochen. Der Marsch geschah in folgender Ordnung: Die Avantgarde 1 Off: Lt: v.Planitz 25 Pf:, 1 Detach: fr: Chasseur und Husaren, 1 Det: Carabiniers, 1 Det: Cuirass: und Dragoner v. 15 Reg:, die Eskadron Schindler, die Wirtenberg: Infanterie, 2 Kanonen, 1 Det: wirtb: Chev:leg:, 1 Det: wirtb: Chasseur à cheval. Der Gl: ging mit uns nach Grünberg voraus, wo wir einquartiert wurden. Unterwegs machten unsere Dr: in den Dörfern 4 preuß: Gefangene.

Dienst: 3 Feldwachen jede v. 1 Untoff. 12 M. Die Quartiermacher gehen um 12 Uhr Nachts nach Glogau ab. 1 Fahnj: P., 2 Dr. P., 2 M. P.J.

Den 15n Febr: die Kolonne bricht um 2 Uhr früh auf, wir folgten um 7 Uhr mit dem Gl: Requin; den größten Teil des Weges legten wir im Trabe zurück. In Neu Salze wurde 1 $1/2$ Stunde gefüttert und dann setzten wir mit der ganzen Kavallerie unseren Marsch nach Glogau fort, welches wir um 5 Uhr des Abends erreichten. Kauschwitz wurde uns zum Kantonierungsquartier angewiesen.

Dienst: 2 Patrouillen auf der Straße nach Lüben und Breslau jede v. 1 C: 4 M., 2 Feldwachen nebst einer Bereitschaft v. 1 Offz: Lt: v.Trotha 12 M.

Den 16n Febr: Rasttag. Die Fourage wurde gegen Quittung auf einen Tag im franz: Magazin v. Glogau gefasst. Die Hrn. Offz: machten bei d. Gl: Requin u. Command: on la place Sabes Visite. In der Nacht erhalten wir Ordre v. Gl: Clarke in der Gegend von Glogau zu bleiben und die preuß: Parteigänger zu verfolgen.

Der Dienst wie gestern, zur Breitschaft Lt: Dürfeld

Den 17n Febr: früh 6 Uhr traf der Lt: v.Langenau bei uns ein und benachrichtigte uns von der Annäherung unserer Kolonnen, welche heute in Polkwitz einrücken. Um 10 Uhr samt: Offz: in Glogau, wo sie von dem Gl: Requin an den Gl: Verriere d. Gouverneur v. Nieder Schlesien präsentiert wurden, so wie den Intendanten Challioz. Heute wurde wieder auf 1 Tag Futter gefasst.

Parole

Den 18n Febr: früh ward in Glogau gegen Quittung im fr: Magazin auf 2 Tage Fleisch und Brot u. einen Tg. Futter gefasst. Gegen Mittag rückten einige Truppen und der Generalstab unserer Armee in Glogau ein. Abends um 7 Uhr wurde der Befehl beim Hrn. Gl: v.Polenz ausgegeben.

Den 19n Febr: um 10 Uhr der Befehl durch den Hrn. Maj: v.Egidy ausgegeben. Parole Arno - Augsburg. Den Nachrichten zufolge marschieren wir 1 D: Kolonne und sind gegen Graudenz bestimmt. Auf 1 Tag Futter gefasst. Abends sämtl: Offz: zum Diner beim Intendanten Chailloz.

Seit Gestern hören die Bereitschaften und Feldwachen auf.

Den 20n Febr: Parole Caesar - Carlsruhe. - Um 8 Uhr versammelte sich die Kolonne vor dem Breslauer Tore, die Eskadron hatte die Avantgarde. Im Dorf Gulan gab der M: Egidy den Befehl aus. Gegen 2 Uhr rückten wir in Ob: Buitschen bei Fraustadt ein. Heute werden keine Feldwachen gegeben, bei der Bagage 1 Unteroff: P.J. kommandiert.

Den 21n Febr: Parole

Setzten wir unsern Marsch mit der Kolonne bis Alt Bojanowo bei Smygel fort, der Lt: Dürfeld und Planitz wurden nach Robarzin mit 40 Pf: detachiert. Um 6 Uhr trat ein Piquet von 6 M. bei den Wagen auf. Die Verpflegung wurde aus den Quartieren entnommen.

Den 22n Febr: Parole.

Beznerholland Stab Baranowa Hauptm: Raschau mit der Komp: Neuholland Lt: Planitz mit 20 Pf: detachiert in der Gegend des Städtchens Czempim. Die Fourage und Mundverpflegung wurde aus den Quartiren geliefert.

Den 23n Febr: Parole. Paul. Weimar.

Nachtquartier Jezyce ohnweit Posen. Die Fourage so wie Brot und Fleisch wurde aus den französischen Magazinen gegen Quittung auf 1 Tag.

Den 24n Febr: Parole.

Früh wurde auf 1 Tag Fleisch und Brot und Branntwein gefasst. Durch Übelgesinnte welche falsche Gerüchte bei unserer Infanterie ausgestreut hatten und durch das unmäßige Genuss des Branntweines, entstanden einige Unordnungen bei einigen Korps derselben, welche jedoch nicht allgemein waren. Spät rückten wir in das Nachtquartier Pomarzanowice. Die Nacht 3 M: Wache bei den Wagen. Den Hptm: v.Raschau nach Glowna detachiert.

Den 25n Febr: Parole.

Der gestrigen vorgefallenen Unordnungen wegen war heute Rasttag. Der Befehl wurde in dem Städtchen Budwitz abgeholt, wo das Hauptquartier war. An Fourage wurden 7 Ctn: Heu und 7 Scheff: Hafer gegen Quittung aus den dasigen fr: Magazin entnommen. Die Mundverpflegung erhielten die Leute aus den Quartieren. Einen Generalbefehl zu folge wurde weil es an Bier und Branntwein fehlte in der Stadt das fehlende gekauft und an die Komp: ausgegeben.

Den 26^n Febr: Parole.

Nachquartier Modliszewo. Gestern wurden die Quartiermacher durch den Lt: v.Planitz 1 Unt: 3 M: v Polenz 2 v Joh: vermehrt, welche künftig sorgen dass wir die nötige Fourage u Mundverpflegung bei unserer Ankunft in den Quartieren vorfinden. Der Lt: Böltzig und Slt: Dürfeld wurden nach Labgizineck detachiert.

Den 27^n Febr: Parole.

Der gestern im Regiment v.Saenger vorgefallenen Unordnung wegen war heute Rasttag, das Futter wurde aus den Quartieren entnommen Brot und Fleisch auf 2 Tage aber in Gnesen gefasst.

Den 28^n Febr: Parole.

Nachtquartier Rogowo Hauptquartier in Gonzawa. Der Lt: v.Böltzig und Lt: Dürfeld nach Lubjez der Fahnjunker Jauch mit 15 Pf: nach Labischinerholland detachiert. Das Futter wurde gegen Quittung aus den Quartieren genommen. Gegen Abend trafen 35 Mann teils preußische teils russische Gefangene unter der Eskorte irregulärer polnischer Kavallerie hier ein und wurden einquartiert.

Den 1^n März   Parole.

Nachtquartier Pitatowo. Mit Ausnahme eines Detachements von 1 Wachtmeister 20 Pferden im Vorwerk gleichen Namens stand die ganze Eskadron in Oporowo. Das Futter wurde aus den Quartieren entnommen.

Den 2^n März   Parole.

Die Eskadron bezog die Nachtquartiere in Brentke Wolfshals und Labuschin diesseits Bromberg in Verein mit 1 Batl: des

Regiments Saenger. Das Futter lieferten die bequartierten Ortschaften.

Den 3^{n} März   Parole.

Nachtquartier Wlucky und Caolewo an den Ufern der Weichsel. Im Magazin zu Bromberg wurde heute auf 3 Tage Fleisch und Brot gefasst das Futter aus den Quartieren entnommen. Dienst wie gewöhnl: ein Piquet bei den Wagen.

Den 4^{n} März   Parole.

Nachtquartier Schwetz wo wir uns zugleich mit dem Generalstab und den 4^{n} Regiment polnischer Infanterie. Die Verpflegung wurde aus den Quartieren geliefert, die Fourage erhielten wir aus den Magazinen mit Ausnahme des Heus.

Den 5^{n} März   Parole.

Werlupie und Komorske bei Neuenburg waren unser Nachtquartier in Vereinigung mit dem Regimente Saenger Infanterie. Die ganze Verpflegung ward aus den Quartieren entnommen.

Den 6^{n} März   Parole.

Die Eskadron kam nach Czieplen jenseits Mewe an der Weichsel zu stehen wo sich der General Dabrowski und unser Hauptquartier befand. Die Verpflegung wie gestern.

Den 7^{n} März   Parole. Bayard. Bayonne. Raillement Bonet

Senslau und Rampetz waren unser Nachtquartier nach einen Marsch von 5 Meilen in Dirschau den Hauptquartier des Marschalls Lefebvre vereinigten wir uns mit den 10^{n} Korps der großen Armee, wovon wir die 1te Division bilden. Auf 2 Tage wurde in den Magazinen daselbst Fleisch Brot Branntwein und Fourage gefasst. Nach einer Order des Marschalls müssen wir unsere weißen Federstütze ablegen doch dürfen wir rote führen.

Den 8^{n} März   Parole. Pline. Posen. — Palleur

Heute wurde Ruhetag gehalten und derselbe dazu angewendet die Gewehre in gehörigen Stand zu setzen. Um 9 Uhr Abends wurde der Befehl in Dirschau ausgegeben. Heute morgen marschierte das Gr: Batl: Cerrini und das Batl: Max nebst 2 Grenadstücken auf die Weichselinsel unter Anführung des G:M: v.Oebschelwitz. Der Rest der Fourage welcher gestern nicht hatte gefasst und fortgeschafft werden, empfingen wir heute aus dem Magazin zu Dirschau uns zugeführt. Das Hauptquartier des Marschall Lefebvre brach nach Rosenberg auf. Der Lt: v.Planitz wurde mit 2 Unteroffz: u 4 Dr: zurückgelassen um Lebensmittel zu requirieren.

Den 9^n März   Parole.

Um 10 Uhr früh versammelten sich die Truppen jenseits des Dorfes Hohenstein woselbst die Kolonne formiert wurde. Die Nachtquartiere bezog die Eskadron in Zietten und und postierte eine Feldwacht von 3 Corp: u 23 Dr: gegen Rastau und den PLt: v.Trotha vor. Der PLt: v.Böltzig stürzte beim Einrücken mit dem Pferde und beschädigte sich am Fuße. Um 1 Uhr traf der Corp: Ulbrich mit einem Transport Lebensmittel und Fourage ein. Zur Sicherheit unseres Nachtquartiers ward eine Wache v 1 Corp: 6 Mann kommandiert welche auf den Weg nach Prust 2 Fußposten gibt.

Den 10^n März   Um $1/2$ 9 Uhr marschierten wir nach Prust wo wir mit den 1^n Batl: Anton unter den Ob:Lt: v.Berneck, ein Detachement badischer Husaren und 1 Batl: franz: leichter Infanterie ablösten. Kaum das wir eingerückt waren erhielten wir Befehl von den Gl: Drouet Chef des Generalstabes nach St. Albert zu marschieren, und uns dort mit einen Batl: Infanterie zu vereinigen, wir fanden daselbst 1 Batl: des 2^n leichten Infant: Regiments unter den Obersten Brayer und quartierten uns ein. Gegen 9 Uhr Abends mussten wir aber wieder ausrücken und bis Ohra vorrücken, wo eine Komp: franz: Inf: und 2 Komp: Prinz Anton standen, und woselbst wir die Nacht biwakierten.

Dienst. Feldwache   1 Corp: 10 M: in Prust
                      2 Vedetten in St. Albert
                      1 Wachtmeister P:J: 8 Dr: in Ohra

Den 11^n März   Unsere Vorposten trieben den Feind bis an die Tore der Stadt. Schon früh um 3 Uhr hatten die Preußen die

Vorstadt Stolzenberg angezündet und um 6 Uhr traf ein gleiches Schicksal die Vorstadt Schottland welche gegen unsere Seite zu liegt. Um 11 Uhr erhielten wir nebst der Infanterie Befehl vorzurücken, wir setzten uns also in Bewegung, allein das Feuer und die einstürzenden Häuser nötigten uns wieder zurück zu kehren. Dem ohngeachtet haben wir uns bis 600 Schritt den Toren der Stadt genähert. Auf Befehl des Gl: Drouet kehrten wir gegen 4 Uhr nach St Albert zurück und quartierten uns ein.

Den 12ⁿ März früh um 6 Uhr rückten wir aus kehrten aber sogl: in unsere Quartiere zurück. Es war Rasttag. Die Preußen hatten sich einer Höhe dem Bischofsberg gegenüber bemächtigt wurden aber v unserer und der fr: Infanterie vertrieben. Der Rest der Vorstädte ward um 6 Uhr früh angesteckt, und brannte die ganze Nacht durch. Eine große Ordre traf ein wegen des Betragens der Leute und der Requisitionen an Lebensmittel.

Den 13ⁿ März Parole. Custrin. Warsowie.

Gegen 6 Uhr wurde ausgerückt, wie gestern machte ich eine Patrouille mit 8 Pf: nach Alt Schottl: an den Offz:posten ließ ich die Patrouille halten und rekognoszierte die Batterie welche die Preußen am Fuße links von der Hauptstraße die zum Tor führt angelegt haben und bestieg dann die Höhe dem Bischofsberg gegenüber wo unsere Batterie etabliert war. Gegen 10 Uhr zündeten die Preußen von neuen die Vorstädte an. Um 12 Uhr ging der Lt: Wiedebach mit 1 Unteroffz: 3 Mann auf Fouragierung aus. Die Preußen fielen aus den Fort beim Fahrwasser aus, wurden aber zurückgetrieben.

Den 14ⁿ März Parole. Louis. Posen.

Um 7 Uhr rückte die Eskadron aus um in Prust zu einer Batterie zu stoßen, und dieselbe an den Ort ihrer Bestimmung zu begleiten. Auf den Wege aber erhielten wir Contreorder und nur der Hr: Haupt: v.Raschau und die Lt: Dürfeld und Planitz wurden mit 50 Pf: inkl. einem Wachtmeister, Feldscher, Trompeter Schmidt und Fourier nach Neu Schottland detachiert, wo sie unter die Befehle des poln: Gl: Sukolinsky kamen.

Gleich nach ihrer Ankunft machten die Preußen aus dem Fort welches das Fahrwasser bestreicht einen Ausfall zogen sich aber nach einigen Schießen wieder zurück. Der Lt: v.Wiedebach traf mit seinen Kommando von Requisition ein. Gegen Mittag wurde ein Trompeter nebst einen Adjutanten des Marschalls in die Stadt geschickt allein die Preußen ließen ihn nicht ein, sondern schossen auf ihn daher er sich genötigt sah seine Depesche einen Bauern zu übergeben, um selbige in die Stadt zu bringen. Abends aber kam ein Offz: aus der Stadt und brachte eine Depesche auf den Posten unserer Truppen in der Vorstadt Alt Schottland.

Den 15ⁿ März   Parole. Philippe. Paris. Passion

Um 6 Uhr rückte die Eskadron wie gewöhnlich aus, nach den Einrücken gingen 1 Fahnj: 8 M. zu Ordonnanz ins franz: Hauptquartier ab. Vor der Festung war fast alles ruhig selten hörte man einen Schuss. Nachmittags kam ein Tromp: mit Depeschen aus der Stadt. 4 M. wurden nach Langenau zum Kommissariat kommandiert. Aus der franz: Bäckerei erhielten wir Brot.

Den 16ⁿ März   Parole. Alexandre. Alancon. Ardeur.

Erhielten wir die Ordre alle 5 Tage als den 1. 5. 10. 15. 20. 25. einen Rapport wozu das Schema uns mitgeteilt wurde, durch den Hauptmann v.Gersdorff für das franz: Hauptq: einzureichen. Nachmittags besahen der Hr. Major und ich die Position bei Matschkau in welche wir im Fall eines Alarms rücken. Unser Platz ist auf dem rechten Flügel des 1ⁿ Treffens. Der Ob:Lt: Clemand wurde heute als Parlamentär in die Festung geschickt. Die Polen bemächtigten sich nach einen geringen Widerstand der Vorstadt Stolzenberg. Der Lt: v.Wiedebach brachte von seinen Requisition Komm: 60 berl: Scheffel Hafer mit.

Den 17ⁿ März   Parole. Castinat. Charles. Challeur.

Wie gewöhnl: um 6 Uhr ausgerückt. Vor den Festung war alles ruhig, selten fiel ein einzelner Flintenschuss. Eine Menge Deserteurs kamen auf unsern Posten.

Den 18n März   Parole. Demosthenes. Dijon. Distance.

Heute wie gestern dieselbe Stille. Wir erhielten die Nachricht, dass 500 Mann Kosaken über die Landenge am frischen Haff von Pillau in der Stadt angekommen wären. Gegen Mittag musste auf Befehl des Marschalls das Gr:Batl: Cerrini aus St. Albrecht rücken und auf den Lager links von dem franz: Batl: ein Bivuaque beziehen. Der Oberst Brayer reiste mit seinen Stabe Nachmittags nach der Nogatinsel. Eine stehende Ordonnanz wurde nach Prust ins franz: Hauptquartier geschickt, so dass wir nun 1 Fahnjunker und 13 M. daselbst haben. Der Major von Egidy starb heute 10 Uhr des Morgens. Von dem Hauptmann v.Raschau und seinen Kommando von dessen Schicksalen wir nichts wussten hörten wir durch einen Adjutanten des Marschalls, dass er bestimmt sei einen Transport Geschütz zu uns aus der Gegend von Collberg zu holen. Des Nachts eine Bereitschaft von 2 Corp: 24 Pf.

Den 19n März   Parole. Guibert. Grenoble. Grandeur.

Gegen 5 Uhr des Abends traf das Detachement, welches unter den Hptm: von Raschau abgegangen war wieder ein. Sie waren unter Anführung des Major und Adjut: des Marschalls Montleger mit 30 Pf: Ulanen bis in die Gegend von Stolpe marschiert ohne ihre eigentliche Bestimmung zu wissen. Hier wurden sie den 18n huj: Morgens um 6 Uhr in den Dorf Mannewiz wo sie Nachtquartier gehalten hatten, eine Viertelstunde vor den Ausrücken, von einen preuß: Korps von 300 M. Kavallerie und einer zahlreichen Infanterie überfallen. Das Terrain war den Unsrigen nicht günstig, und da der Feind zu überlegen war und die Polen bis auf 10 M. die Flucht ergriffen sah sich dies Kommando genötigt mit Verlust von 19 Mann inkl. des Chir: von Johann und des Fouriers von Polenz u 15 Pf: sich zurück zu ziehen, nachdem sie den Feind 3mal bis an das Dorf zurückgetrieben hatten. Der Hptm: v.Raschau wurde nebst 1 Tromp: 2 Corp: und 6 M: verwundet. Wie wir in der Folge erfuhren hatte dieser kl: Trupp die preuß: Freibeuter in der Gegend von Collberg aufsuchen sollen.

Den 20^n März   Parole. Feneton. Francfort. Franchise.

In der Nacht kam die Ordre 80 Pf: nach Matschkau zu schicken, wo sie bei den Gl: Dupré weitere Befehle erhalten würden. Wir konnten aber nur 64 Pf: und den Lt: v.Trotha und Wiedebach kommandieren, weil die Eskadron schon zu sehr geschwächt war. Der Hauptmann v.Pape ging Nachmittags ins Ambulant seiner Brustschmerzen wegen ab. Die Ruhe vor und in der Festung währte fort. Zum 1^n Mal ward der 5tägl: Rapport für das franz: Hauptquartier eingereicht. Der Lt: v.Dürfeld ward auf Requisition geschickt.

Den 21^n März   Parole. Eugene. Evreux. Eloquence.

Der Trompeter Corp: Bahre und 1 Gemeiner wurden als Blessierte ins Ambulant gebracht. Gegen 9 Uhr machten die Preussen gegen Wonneberg einen Ausfall. Der Corp: Hofmann kam Nachmittags mit einen Dr: vom Detachement des Lt: v.Trotha und holte frische Patronen. Die Preußen wurden nach einen lebhaften Gefechte wieder in die Stadt getrieben und unsere Truppen bemächtigten sich aller Vorstädte. Wir erhielten Nachricht von einen gl: Gefecht welches gestern unter den Gl: Schramm und Ob: Brayer auf der Insel vorgefallen ist. Unsere Truppen landeten gegen 4 Uhr des Morgens auf der frischen Nehrung warfen die Preußen und nahmen ihnen, nach einen Gefecht was bis in die Nacht dauerte 300 Gef: und 2 Kanonen ab. Bei dieser Gelegenheit haben sich die Grenadiers von Süßmilch sehr rühml: ausgezeichnet. Der Feind war 3.000 M: stark, und hatte wie auch bei der heutigen Affaire Kosaken bei sich. Unsere Truppen haben jetzt eine Position eingenommen, wodurch die Stadt auch von dieser Seite eingeschlossen ist.

Den 22^n März   Parole. Massenir. Mons. Merocite

Es trafen heute 4 Mann von den Kommissariate ein. Das Patent des Pr:Lt: v.Trotha als Capitain, so wie auch die Order seine Ablösung betreffend kam an und der Major v.Schindler benachrichtigte ihn selbst von diesen Ereignis. Gegen 12 Uhr in der Nacht erhielten wir das Avertissement dass man wisse die Preußen wollen einen Ausfall machen, wir ließen also sogl: alles zum Aufsitzen bereit machen und hielten uns fertig auf den Generalmarsch der Franzosen auszurücken, es blieb aber alles still außer dass die Feinde von neuen Feuer in die Vorstadt warfen.

Den 23ᵗⁿ März   Parole. Hector. Hambourg. Hardiesse.

Vom Kommissariate trafen 3 M: ein. Einer gestrigen Order zufolge sind wir unserer Verpflegung halber an unser Kommis: in Kamgenau gewiesen welches die nötigen Fourage und Lebensmittel aus den Stargarder Kreis ziehen muss. Um die nötige Abrede dieserhalb zu nehmen ritt ich selbst zu den Kriegs Kommis: Hacker. Gegen 4 Uhr Abends kam der Rittmeister v.Nostiz mit einen Trompeter aus der Stadt und wollte zu den Gl: Dyherrn, allein man konnte ihn in Person nicht so weit transportieren, sondern nahm ihm seine Briefe ab und transportierte ihn wieder in die Stadt.Der Corp: Kummer kam auf Feldwacht. Corp: Leuthold und 2 M: begleiteten den Rittmeister v.Nostiz bis an die Vorposten.

Den 24ᵗⁿ März   Parole. Luxembourg. Luzon. Lizenz

Von heute an ist der Dienst in St. Albert so eingerichtet: 3 M: Wache. Abends wird diese Wache noch mit 3M: verstärkt. Diese 6 Mann und noch 4 welche um 8 Uhr auftreten machen unter den Befehlen eines Unteroffiziers die Bereitschaft aus und stellen ihre Pferde in den gr: Stall des Krugs. Feldwache Corp: Leuthold. Corp: Einike mit 2 M: nach Langenau abgeschickt um Fourage und Lebensmittel zu holen traf 3 Uhr wieder ein. Der Lt: Dürfeld kam auch von seinen Requisition Komm: zurück und brachte 3 M: 2 Pf: Joh: 3 M: 3 Pf: Polenz aus dem Depot mit wie auch Lebensmittel und Fourage. Der Ob:Lt: Armand teilte uns die angenehme Nachricht mit dass die Polen das Belagerungskorps verlassen und durch Hessendarmstädter und Franzosen abgelöst werden. Nachmittags ritten wir in Begleitung einiger fr: Offiziers rekognoszieren. Gegen 5 Uhr ging eine Kolonne von etwas mehr wie 100 Mann preuß: Gefangener, unter denen auch engl: Seesoldaten und Matrosen sich befanden mit poln: Eskorte durch St. Albert.

Den 25ᵐ März   Parole. Numa. Nice. Niége.

Feldwache Corp: Nickel. Den ganzen Tag waren wir ruhig nur gegen 9 Uhr des Vormittags geschahen einige Schüsse aus der Schanze auf den Bischofsberg wo man in der verflossenen Nacht eine Menge Palisaden verbrannt hatte.

Von den 24ᵐ bis den 26ᵐ sind wir von dem Kommissariate mit Lebensmitteln und Fourage versehen zusammen 462 Portions und 468 Rations. Wir erhielten die Ordre uns wieder wie bisher durch Requisition zu verpflegen, jedoch sollen wir die Ortschaften anführen von wo wir etwas zu erhalten gedenken.

Den 26ᵐ März   Parole.

Um 6 Uhr wurden wir durch ein heftiges Kanonen- und Gewehrfeuer alarmiert. Der Feind machte einen starken Ausfall und versuchte uns aus Ohra und der Schanze dem Bischofsberg gegenüber zu vertreiben; eine andere Kolonne griff zugl: die poln: Posten gegen Wonneberg an und vertrieb die Unsrigen aus der Vorstadt Stolzenberg. Wir rückten in die Position, und nach einen 7stündigen Gefecht wurde Stolzenberg wieder genommen und der Feind in seine Werke zurück getrieben. Eben so wenig gelang den Preußen der Angriff auf die Schanze wo sie sich nach einen 3maligen Versuch genötigt sahen zurück zu ziehen. 3 Kanonen und 300 M: Gefangene kamen in unsere Gewalt, unter letzteren befindet sich auch der Ob:Lt: von Krackow der Komdt: des Freikorps welches unser Detachement in Mannewitz überfallen hatte. Alle Kommandos lösten um 4 Uhr ab weil wir spät einrückten. Corp: Hofmann auf Feldwacht. Unter den schwer Blessierten befindet sich der Lt: Welucky v Saenger dem die Hand abgeschossen ist, und der Pr:Lt: v.Salza v Reg: Anton.

Den 27ᵐ März   Parole.

In der Nacht erhielten wir Order zu einer neuen Disposition im Fall eines Alarms, und rückten früh 8 Uhr in die neue Position. Der Slt: Dürfeld wurde mit den Corp: Eineken und 2 Mann nach Fourage und Lebensmittel geschickt. Prust Corp: Kummer auf Feldwacht. Der Dragoner Ehrich v Pr: Joh: wurde in das Lazarett ambulant. Ein Tromp: v Kg: Cuirass: traf bei der Eskadron zum Dienst ein.

Den 28n März Parole.

Vormittags war alles ruhig, gegen 10 Uhr hörte man in der Stadt Lärm schlagen, und eine Stunde darauf ein zieml: starkes Kanonen und kleines Gewehrfeuer auf der Insel wo der Oberste Brayer steht, dem Schalle nach zu urteilen, und weil man ein Dorf nach der Stadt zu brennen sah ist zu vermuten dass diese Affaire glücklich für uns ausgefallen sei. Den ganzen Tag brannte es in der Vorstadt Stolzenberg. Die Preußen legen jetzt auf den Höhe vor den Bischofsberg links von unserer Redoute neue Verschanzungen an. Der General v.d.Weydt übernahm an der Stelle des Ob:Lt: Armand das Kommando des rechten Flügels der Vorposten. Feldwacht Corp: Leuthold.

Den 29n März Parole.

Schon um 4 Uhr erhielten wir Befehl in die Position zu rücken wo wir bis 10 Uhr unter Waffen blieben. Der Feind verhielt sich ganz ruhig und tat den ganzen Tag keinen Schuss. Der Lt: Dürfeld traf von Requisition ein. Corp: Nickel auf Feldwacht.

Den 30n März Parole.

Heute war es eben so ruhig wie gestern. Der Marschall le Febvre besah unser Lager und befahl dass das Batl: Bevilaqua welches bisher in St. Albrecht gestanden hatte neben den Gr: Batl: Cerrini biwakieren sollte. Künftig rückt alle Morgen früh 4 Uhr die Infanterie in die Position, die Kavallerie hält sich bereit auf Appell auszurücken. Corp: Leuthold auf Feldwacht.

Den 31n März Parole.

Die Preußen feierten auch diesen Feiertag und man hörte keinen Schuss. Wir erhielten Nachricht dass Geschütz angekommen sei und morgen die Trencheen eröffnet werden sollen. Feldwacht Corp: Eineke.

Den 1n April Parole

Mit Anbruch des Tages hörte man sowohl auf der Nehrung als auch gegen Stolzenberg und Langenfuhr zu ein heftiges Ploton u Kanonenfeuer. Die Badener Truppen und die Nordlegion hatten den Feind angegriffen der einen Vorposten auf den Zigankenberg hatte. Die Preußen taten zum Soutien dieser Position einen Ausfall mussten uns aber nach einen sehr hartnäckigen Gefecht alle Höhen vor der Stadt überlassen. Auch auf der Insel scheinen die Unsrigen einigen Vorteil erlangt zu haben indem das Feuer sich nach der Stadt hinzog. Dr Angriff auf die Westerschanze glückte nicht. Der Verlust an Toten war auf beiden Teilen sehr beträchtlich. Es kam heute ein franz: Inspekteur en general des postes des Herzogs von Berg hier an, welcher eine Post nach Petersburg über Danzig Königsberg und Memel errichten soll. Der Fourier ward nach Pelplin geschickt um das Offz:traktament und die übrigen Gebührnisse für die Eskadron zu holen. Die Feldwache wurde mit 3 M: verstärkt. Corp: Fleck traf v Wonnebg: hier ein.

Den 2ⁿ April   Parole.

Den ganzen Tag hörte man man nach allen Seiten zu schießen jedoch fiel nichts von Bedeutung vor. Der Lt: Dürfeld wurde mit den Corp: Fleck auf Requisition kommandiert. Gegen 6 Uhr mussten wir auf Order des Gl: Polenz ausrücken, allein nachdem wir 2 Stunden in der Position gestanden hatten erfuhren wir dass wir auf ein Missverständnis ausgerückt waren. Die Drag: Herrmann P:Joh: u Kaufmann Polz: wurden eines Exzesses wegen den sie in der Trunkenheit begangen hatten arretiert.

Den 3ⁿ April   Parole.

Man vermutete heute einen Angriff und wir mussten daher um 11 Uhr in die Position rücken allein es fiel außer einigen Schüssen gar nichts vor.

Den 4ⁿ April   Parole.

Ebenfalls um 5 Uhr früh ausgerückt. Die beiden Batl: Cerrini und Bevilaqua verließen ihr Lager und marschierten in die Gegend von Biezkendorf an ihre Stellen rückte 1 Batl: Anton in die Position. Erst gegen 2 Uhr rückten wir wieder ein. Gegen Abend brannte am Quartier des Hr: Major gegenüber ein Haus ab, man konnte nicht erfahren ob es verwahrlost oder angelegt war.

Den 5n April   Parole.

Der Generalstab des Marschall Lefebvre und das französische Hauptquartier rückte heute nach St. Albert, wir mussten uns daher mit der Eskadron weiter heraufwärts in das eigentl: Städtgen einquartieren. In der vergangenen Nacht ging ein starker Transport Belagerungsgeschütz durch unser Kantonierungsquartier, welches hinter unserer Redoute in einen Park aufgefahren wurde. Das 1e Batl: des 2n leichten Infanterie Regiments und der Gl: v.d.Weydt marschierten nach Schottland und in das verlassene Lager rückte ein Batl: Anton ein. Der Lt: v.Dürfeld traf von Requisition ein ingl: der Fahnjunker Bruchholz mit 12 Dr: welche als Ordonnanz in franz: Hauptquartier gestanden hatten. Auf Vorposten bleibt der Corp: Eineke für immer stehen.

Den 6n April   Parole

Ritt der Hr: Major nebst uns allen um den Marschall aufzuwarten er war aber beschäftigt so dass wir nicht vorkommen konnten. Von heute an tritt der Nacht Piquet von 1 Gefreiten und 3 Mann auf.

Den 7n April   Parole   Gegen 1 Uhr rückte das 19e Linienregiment ein und ward gleichfalls hier einquartiert. Sie brachten die Nachricht von der Annäherung eines zieml: Transports v Belagerungsgeschütz, außerdem erwartet man noch 2 Regimenter Pariser Garde hier. Der Major ritt heute wieder zum Marschall fand ihn aber nicht zu Hause, wir machten dabei bei den Gl: v.d.Weydt und den Ob:Lt: Armand unsere Aufwartung. Ein Transport Brot und Fleisch kam aus Langenau an incl: ein wenig Branntwein.

Den 8n April   Parole   Früh um 5 Uhr brach das 19e Regiment wieder von hier auf. Den ganzen Tag war es still.

Den 9n April   Parole   blieb alles still

Den 10n April   gleichfalls.   Der Lt: Dürfeld ward auf Requisition ausgeschickt.

Den 11n April am Tage war alles wenige Schüsse ausgenommen ruhig, hingegen ging bei anbrechender Dunkelheit das Feuern sehr lebhaft an. Die Unsrigen haben die Kalkschanze angegriffen und zu gleicher Zeit taten die Anderen einen Ausfall, allein wir waren durch Deserteurs schon davon benachrichtigt daher wurden sie mit einen lebhaften Feuer empfangen und bald genötigt sich wieder zurück zu ziehen. Die Kalkschanze wurde genommen und 64 Gefangene u 3 Kanonen erobert. Unser Verlust ist unbedeutend. Wir rückten 2mal aus 1mal in der Nacht und 1mal gegen Morgen wo wir dann bis 10 Uhr auf den Platze blieben.

Den 12n April den ganzen Tag über wurde wieder kanoniert und es gingen eine ganze Menge Schanzrequisiten und grobes Geschütz durch welches man zu platzieren anfängt. Der Lt: Dürfeld wurde auf die unter Wasser gesetzten Dörfer auf Requisition geschickt.

Den 13n April die vorige Nacht kam es wieder zu einen hartnäckigen Gefecht des 2n Bat: Anton. Cerrini und Bevilaqua nahmen eine Schanze unter den Hagelsberge mit Sturm weg. Bei Anbruch des Tages taten die Preußen einen Ausfall mit 4.000 Mann und eroberten die verlorene Schanze wieder, allein die obgenannten Batl: und das 19e leichte Regiment griffen von neuen an stürmten die Schanze und trieben den Feind bis an seine Pallisaden. Bei dieser Gegenseite schlug man sich im eigentl: Sinne des Wortes in der Schanze mit dem Bajonett. Wir verloren 166 Mann tot unter denen der Ob:Lt: Cerrini Major Kaiserlingk Hptm: Dallwitz Lt: Häußler, blessiert sind Hptm: Brotzke Lt: Klösterlein Lt: Hille Lt: Dürfeld Lt: Bauer, Major Könitz Hauptmann Guden gefangen Lt: Westin Adjut: Kracht, letztere sind nach Pillau transportiert worden. Der Hptm: Dallwitz wurde mit militärischen Ehrenbezeugungen in Danzig begraben. Die Franz: verloren 3 Offz: an Toten. Wir eroberten 2 Kanonen und 284 M nebst 2 Offz: wurden gefangen. Wir rückten gegen Morgen aus.

Den 14n April die Nacht gegen 11 Uhr fing das Feuer von neuen an und währte beinah eine Stunde. Veranlassung dazu gaben einige Deserteurs auf welche man von der Stadt aus schoß. 300 M. poln: Ulanen marschierten durch St. Albrecht nach Heubude auf der Nehrung.

Den 15n April hörte man ein anhaltendes Feuer auf der Nehrung. Die Russen und Preußen taten einen Ausfall aus der Münde, wurden aber mit Verlust von 300 Toten zurückgeschlagen. 2mal attackierten die Grenadiers von Süßmilch die Russen mit dem Bajonett. Wir haben nahe an 80 Mann verloren. Die Kommunikation zwischen Weichselmünde und der Stadt wurde ganz zerstört. Man verbreitete das Gerücht, dass der Gl: Kalkreuth in Münde eingeschl: sei, allein es war ganz ungegründet. Das 1ste Bat: Anton marschierte hier durch nach der Insel. 2 Bat: Pariser Garde wurden in St. Albrecht und Herberge einquartiert.

Den 16n April früh 5 Uhr hatten wir ein sehr heftiges Gewitter, das einzige merkwürdige dieses Tages.

Den 17n April auf Befehl des Gl: v.d.Weidt mussten wir die ganze Nacht gesattelt haben und uns bereithalten auszurücken es blieb aber alles ruhig. Ein Schiff wollte heute das Fahrwasser forcieren nach einer 1 $1/2$ stündigen Kanonade aber zwangen es unsere Batterien nach der Reede zurück zu segeln, wo noch mehrere andere die allen Vermuten Truppen an Bord haben vor Anker liegen.

Den 18n April gingen wieder viele Belagerungsgerätschaften durch. Der Lt: v.Schönfeld wurde in den Stargarder Kreis als den für die Sachsen angewiesenen Verpflegungs Kanton auf Requisition gesetzt. Der Major gab heute eine Ordre nach welcher meine Adjutantenfunktion aufhört, zugl: ist eine strenge Inspektionsordnung und andere dergl: Einrichtungen getroffen, welche zu weiter nichts dienen, als den Dienst unangenehm zu machen und zu erschweren. Das ich wieder Eskadronsdienst tue ist mir sehr angenehm, denn ich bin in weniger Kollision mit dem Major — doch ich suspendiere mein Urteil hierüber.

Den 19n April fiel nicht das geringste vor. Das Durchfahren des Geschützes u: Munitionswagen hörte fast nicht auf.

Den 20^n April   seit gestern haben wir einen entsetzlichen Sturm mit Schneegestöber vermischt, und die Kälte ist wie im Januar. Heute Nacht sind 6 Polen, 1 Franzose und 1 Badner auf den Posten erfroren, unsere Infanterie im Lager leidet unbeschreiblich viel von dieser Witterung. In der hiesigen Gegend soll dergleichen schnelle Abwechslung in der Temperatur der Luft, selbst mitten im Sommer, nicht ungewöhnlich sein, zumal wenn der Wind aus der See steht. Die Equipage der am 13^n gebl: Offiziers wurde heute in Schönfeld verauktioniert.

Das 12e Chasseur Regt: à pied 2.500 M. stark traf ein und bezog Quartiere in St. Albrecht und Herberge, 2 Offz: kamen zu uns ins Quartier.

Den 21^n April   Parole. Fabre. Francfourt. Fortum

Tägl: erwarteten den Anfang des Bombardements, deswegen müssen wir künftig alle Morgen um 3 Uhr in die Position auf den linken Flügel des franz: Lagers bei Alt Schottand rücken. Wir vereinigen uns daselbst mit den badischen Husaren die in der Herberge stehen. Um 9 Uhr rücken wir wieder ein. Gegen Mittag erhielten wir Ordre nach Musau auf den linken Flügel zu marschieren, wir trafen daselbst gegen 5 Uhr Nachmittags ein, und wurden sehr eng in 4 Häuser einquartiert, da außer uns der Stab und eine Eskadron des 19e Chass: Regiments hier stehe. Die Quartiere sind in den elendesten Zustand indem die Polen und Badner entsetzl: gewirtschaftet haben. In den Häusern sind nur noch sehr wenig Einwohner und kein Topf, kein Stuhl und Tisch mehr zu finden. Nentkaberg wo der Hptm: Trotha steht ist eine kleine halbe Stunde entfernt, und so ist denn endl: die Eskadron wieder vereinigt, der Gl: Dupré kommandiert uns. Unsere schlechten Quartiere abgerechnet stehen wir angenehmer wie in St. Albrecht indem wir von einen Hügel der nicht 10 Schritt von den Hause ist wo ich mit den Hauptmann Raschau stehe einen Teil der Stadt, den Bischofsberg u unsere Schanzen übersehen kann, links begrenzt die See den Horizont. Die Gegend ist äußerst reizend und für unsere Augen des Anblicks der See wegen neu.

Den 22n April   Parole. Goyt. Guiberg. Guide.

Um 4 Uhr des Morgens löste ich mit d: Fahnj: Gauch 1 Corp: Kummer u 28 M. die fr: Feldwache auf den Zigankenberg ab. Die Baraque des Trupps ist dicht an den Häusern dieses ganz verlassenen zum Teil verbrannten zum Teil eingerissenen Dorfes, welche uns vor den Augen des Feindes verbergen und unseren Pferden einen zieml: unsicheren Zufluchtsort darbieten indem häufig die Kanonenkugeln durch die Scheune in welcher sie stehen fliegen und neben der Baracke in die Erde schlagen. Im Falle eines Bombardements können wir den Platz ohnmöglich behaupten. Ich besah die Schanze auf den Zigankenberger Gericht welche mit 2 24-Pfündern und 1 12-Pfünder unter einen sächs: Artillerieoffz: besetzt ist, von hier aus kann die Weichsel bestrichen werden. Die Aussicht ist vortrefflich man übersieht die Reede auf welcher 4 gr: und 19 kleine Schiffe liegen. Das Fahrwasser, die Weichselmündung, die Nehrung, einen Teil der Stadt und unsere Trencheen, den Werder ja man kann sogar die Landspitze bei Hela erkennen. Das Kanonieren währte den ganzen Tag, eine Kugel flog dicht über der Baraque weg und schlug hinter derselben in die Erde. Eine andere fuhr in den Pferdestall, ohne jedoch Schaden zu tun, und 2 Pf: von einen Kugelwagen wurden ohnweit von uns durch eine 3te getötet. Des Nachts um 11 Uhr wurde das Feuer sehr heftig und dauerte ununterbrochen bis

den 23n April   Parole. Hoche. Hambourg. Honneur

7 Uhr des Morgens. Um 5 Uhr löste mich ein Chasseur Kom: wieder ab. Den ganzen Tag wurde kanoniert aber nicht so anhaltend wie früh. Nachmittags ritt ich nach Langfurt um mir Lebensmittel einzukaufen und stieg bei einen jüdischen Kaufmann ab, welcher leidl: Wein hatte. Wir wurden von den Gl: Dupré avertiert, dass das Bombardement diese Nacht seinen Anfang nehmen würde und müßten daher gesattelt und gepackt sein. Das Detachement von Nentkaberg traf bei uns ein. Um 2 Uhr fing man an Grenaden und Bomben zu werfen welches durch ein lebhaftes Feuer von den Wällen beantwortet wurde. Die brennenden Röhren der Bomben das Blitzen der Kanonen gewahrte ein schönes aber fürchterliches Schauspiel.

Es soll 3mal in der Stadt gebrannt haben allein man hat es gleich wieder gelöscht. Die Neustadt hat sehr gelitten und das daselbst befindl: neue Komödienhaus ist stark beschädigt. Die Kanonade währte den ganzen Tag. Lt: Planitz kam auf Feldwache. Man hat den Trupp mehr nach den badischen Lager zurückziehen müssen, um den Kanonenkugeln nicht so ausgesetzt zu sein.

Den 25n April   die Nacht wurde wenig geschossen und nur einige Grenaden in die Stadt geschickt. Der Lt: Dürfeld kam von Requisition zurück. Er klagte sehr über die Ungezogenheit unserer Leute, welche sich in Feindesland alles glauben erlauben zu dürfen. Ich ritt Nachmittags nach Langfurt wo ich bei den Com: de la place einen Capt: der Nordlegion den berühmten Künstler Enzelin traf welcher sich in der Gegend v. Oliva angekauft hat, und 2 Eisenhämmer besitzt. Um 3 Uhr Nachmittags forderte man die Stadt durch einen Trompeter auf, und kurz darauf fing man an heftig von beiden Teilen zu feuern. In der Nacht begann das Bombardement, und die Preußen und Russen machten mit 4 Bataill: einen Ausfall, zu 2 verschiedenen Zeiten einmal um 12 Uhr das andere mal um 2 Uhr des Morgens, allein beide Male trieb man sie bald in ihre Werke zurück. Von den Preußen desertierten eine große Menge.

Den 26n April   den ganzen Tag wurde stark kanoniert. Die gestrige Nacht in die Stadt geworfenen Bomben hatten 3mal gezündet, allein nur an einen Orte brannte es bis heute gegen Mittag. Sonst fiel durchaus nichts merkwürdiges am Tage vor, die Preußen machten in der Nacht wieder einen Ausfall ohne aber etwas auszurichten. Eine Kanonenkugel aus der Festung traf just indem man eine von unseren Stücken richten wollte die Mündung des Kanons machte es zwar nicht unbrauchbar, aber beschädigte mehrere Personen. Eine andere Grenade fiel in der poln: Schanze dem Neugartner Tor gegenüber in einen Pulverkarren und sprengte ihn in die Luft, 1 Kanonier wurde auf der Stelle davon getötet und mehrere verwundet. Der Kaiser Napoleon war heute in Dirschau und besah sich die Gegend, es sollen wie man sagt mehrere Schiffbrücken über die Weichsel geschlagen werden, um die Kommunikation mit der gr: Armee zu erleichtern. Nach einen kurzen Aufenthalt begab sich der Kaiser wieder nach seinen Hauptq: Finkenstein zurück.

Den 27n April   den ganzen Tag bald mehr als weniger geschossen. Von 4 - 6 Uhr ward es ruhig desto heftiger wurde aber das Bombardement um diese Zeit. Der Marschall Berthier war heute beim Korps eingetroffen und ihm zu Ehren war wahrscheinlich diese Kanonade.

Den 28n April   in der Nacht taten die Preußen einen starken Ausfall. Man hatte den Soldaten um ihnen Mut zu machen vorher Branntwein in Menge ausgeteilt und von diesen üblen Getränke begeistert stürmten sie wie wütend unter den Geschrei es lebe unser guter König auf unsere Trancheen los, allein nach einen hartnäckigen Gefecht von 4 Stunden wurden sie mit einen großen Verlust an Toten und Deserteurs wieder in die Stadt zurück getrieben 120 M. machte man zu Gefangenen. Bis bei uns in Musau konnte man das fürchterliche Geschrei der Fechtenden die Trommeln und die Hörner der fr: Voltigeurs hören.

Den 29n April   man schloss heute einen 2stündigen Waffenstillstand um die Toten zu begraben. Viele preuß: Offiziers kamen in unsere Trancheen und unterhielten sich mit unsern und den fr: Offizieren; gar zu freundschaftliches Betragen des Lt: Graf Oertzen gegen den Rittmeister Nostitz fiel dem Marschall so sehr auf, dass er künftig allen Offz: die nicht in den Trancheen kommandiert waren den Eingang in dieselben verweigerte. Die Nacht brannte es anhaltend in der Stadt.

Den 30n April   gestern wurde der Dr: Karscht C: v.Goldacker wegen im Depot zu Pelplin begangener Dieberei mit 40 Arschprügel bestraft und erhielt seinen Laufpass.

Den 1n Mai   wieder sehr stark kanoniert. Der lange Markt in Danzig soll sehr viel gelitten haben. Unsere sämtl: Infanterie rückte heute vor den Marschall aus, und nach einer von Gl: Polenz gehaltenen Anrede teilte der Marschall Lefebvre an den Ob: Hartitzsch, Adj: Obernitz, einen Tambour und einen Zimmermann die beide zu Unteroffiziers avancierten den Orden der Ehrenlegion aus. Alle diese hatten sich bei der Affaire am 13^n ausgezeichnet. Der Pr:Lt: v.Tettenborn kam aus Sachsen und löste den Hptm: v.Trotha ab.

Den 2^n Mai   das zum Ausmustern vorgeschl: Frankensche Pferd wurde dem Gl: v.Polenz präsentiert und die Ausmusterung genehmigt. Mein tägl: Spaziergang ist nach Langfurt wo wir bei einem Juden eine Art Kaffeehaus etabliert haben, oft hol ich den Capt: Desmoulins v. 19^e Regt: de ligne ab.

Den 3^n Mai   passierten wir die Revue vor den Marschall Lefebvre wie auch die Cuirass: die Badener Husaren und das 19^e und 23^e Chass: Regiment, machten auch einige Bewegung, weil aber das Terrain nur nicht günstig war konnte nicht attackiert werden.

Den 4^n Mai   das Frankensche Pferd wurde ans Proviantfuhrwesen abgegeben.

Den 5^n Mai   heute Vormittag exerzierte unter den Gl: v.Polenz vor den Marschall Lefebvre folgende Kavallerie 3 Esk: Chass: 23 Regt:, 2 Esk: Chass: 19 Regt:, 4 Esk: König Cuirass: 1 Chev: leg:, 1 Baden Husaren, 1 Pulk poln: Ulanen. Der Marschall war mit unsern Exerzieren sehr zufrieden, besonders gefiel ihm die Ruhe und das kurze Kommando sowie die rasche Attacke. Der Choc der Kürassiers geriet außerordentlich gut. Wir machten unsere Attacke mit den Polen und Badnern zugleich die uns aber nicht folgen konnten. Die Badner bleiben am meisten zurück und wurden von den Polen die aus der Direktion gekommen waren und in einem Winkel attackierten ganz aus der Linie heraus gedrängt. Die Chass: machten eine Schwärmattacke wobei sehr viele von ihnen stürzten. Die Kommandos der Franzosen sind sehr weitläufig und weil jeder Offizier seinen Zug besonders kommandiert entsteht bei jeder Bewegung ein Geschrei welches einen unangenehmen Eindruck macht. Ihre Wendungen geschehen alle zu 4; ihr Choc ist kurz und geschieht in einem etwas getreckten Galopp. — Die Badner scheinen sehr wenig exerziert, ihre Wendungen machten sie bald zu 3 bald zu 4 wie sie am schnellsten fertig werden konnten, und auch ihr Comdt: der Major Gangrin schien aber kein großer Militär zu sein. — Die Polen machten gleichfalls eine Schwärmattacke; mit fürchterl: Geschrei sprengten sie à la debande vorwärts u schwungen ihre Lanzen mit vieler Behändigkeit. Die meisten von ihnen waren Towarzis bei der preuß: Armee gewesen, wären sie besser beritten und ihre Pferde besser gezäumt, so könnten sie in ihrer Art vielleicht recht gut sein. Was uns anlangt so exerzierten wir eben nicht besonders. Der Major war wohl meist daran schuld, denn er kommandiert so undeutlich und übereilt dass keine Bewegung gut gehen kann, und reitet nicht rasch genug. Nachmittags war ich in Langfurt mit einigen Offz: v. Kg: Kürassiers.

Den 6n Mai einer vom Gl: v.Polenz erhaltenen Ordre zu folge ging ich heute früh um 5 Uhr mit 2 Unt: u 13 M. auf Requisition ins Lauenburgische, wir kamen aber nicht weiter als bis Zagors, ein indem ich mein Kommando füttern ließ, in der Absicht heute noch bis Neustadt zubmarschieren, kam mir der Comdt: v. Pommern mit einen fr: Offz: nach und zeigte mir eine Ordre des Gl: Drouet welche jede Requisition in Pommern untersagt, indem dieser Distrikt für das Olivaer Magazin bestimmt war. Ih fertigte sogleich eine Ordonnanz an den Gl: Polenz ab und quartierte einstweilen meine Drag: in das $1/4$ Std: entlegene Kameta. Kaßuben oder Pomorellen ist das elendeste Land welches ich je gesehen habe. Kahle Sandberge wüste Steppen Moräste und Wälder wechseln miteinander ab. Mein Wirt ein ehemaliger preuß: Capitain sagte mir dass dieses Land außerordentliche Ähnlichkeit mit Sibirien habe. Selbst die Einwohner stehen auf einer niedrigeren Stufe der Kultur als die Polen. Brot kennt man fast gar nicht die gewöhnl: und ist einzige Nahrung ist Kartoffeln und Seefische. Dies war das Land wo die Phönizier sich um Bernstein zu holen niederließen und sogar eine Pflanzerstadt anlegten deren Spur man noch in den Fischerstädtchen Hela auf der Halbinsel gleichen Namens findet. Von diesen phöniz: Pflanzern entstand in der Folge die Sage von den kunstreichen Manen oder Zwergen welche in den gotischen Sagen so oft vorkommen.

Den 7^n Mai um 10 Uhr früh brachte die rückkehrende Ordonnanz die Ordre mich zur Eskadron zurückzubegeben, wo
ich gegen 7 Uhr Abends eintraf und schon einen anderen Befehl vorfand morgen in den Danziger Werder zu marschieren,
um Requisitionen für das Magazin Langenau einzutreiben. In
meiner Abwesenheit hatten die Unsrigen sich des Holms bemächtigt; man hatte 9 Schanzen gestürmt, 17 Kanonen eine
gr: Menge Flinten erbeutet und 316 Preußen und 261 Russen
7 preuß: Offz: gefangen. Der Feind soll beinahe 800 M. verloren haben. Der Holm ist für uns ein sehr wichtiger Posten, weil
er die Kommunikation mit der Nehrung erleichtert, die Weichsel sperrt und einen Teil der Stadt bestreicht. Der Haupt:
v.Berge Regt: Saenger zeichnete sich bei dieser Affaire rühml:
aus. Die Sachsen stürmten die eine Schanze ganz allein, man
erbeutete 170 Gewehre, welche jedes den Soldaten mit einen
Tlr: bezahlt wurde. Die preuß: Besatzung wehrte sich fast gar
nicht sondern warf die Gewehre gl: weg als sie hörten, dass
sie Sachsen gegen sich hätten. In der Schanze fand man eine
schriftl: Instruktion des Gl: Kalkreuth, in welcher er die Offz:
zur Tapferkeit und Wachsamkeit ermunterte und wie er zu
sagen beliebte <u>den alten preuß: Ruhm noch ferner zu behaup-
ten</u>. Wie genau diese Herren den 2^n Punkt nachgekommen
sind kann man daraus abnehmen, dass sich in der Schanze
rechte gute weiße Betten befanden und die Offz: meist ganz
entkleidet bei dem Marschall ankamen. Ferner fand man eine
Menge Patronen mit Laufkugeln und eine Instruktion des Ob:
Lanyz (?) /: der Verfasser des elenden Werkes: Für Offz: und
die die es werden wollen :/ sich derselben bei einem etwaigen
Sturme zu bedienen. Der Lt: Dürfeld eskortierte die 2te Kolonne russ: Gefangener bis Dirschau mit 27 Pf. Die Wegnahme
des Holms zwang die Preußen ihre daselbst befindl: Magazine
in Brand zu stecken, von unserer Seite zündete man die Zie-
gelscheune vor dem Olivator an.

Den 8^n Mai Brach ich mit meinem Detachement früh um 5
Uhr auf und vereinigte mich in Langenau mit den Lt: v.Schön-
berg, der ein eben so starkes Detachement hatte wie ich. Gegen Abend kamen wir in Wotzlaff an Hauptort des Distrikts

und quartierten uns in der Pfarre ein. Die Leute wurden in 2 Dörfer als Sauvegarden verlegt.

Ich fand hier einen polt: Com: de la place den Lt: Padworowo-ky und den Graf Solms vor, welcher für das franz: Magazin in Pruth Requisitionen eintreiben sollte; ersterer ist ein ganz besonderes Beispiel, in der Folge werde ich sehen Gelegenheit haben ihn näher zu beschreiben.

Ende der Einträge

Von Polenz Chevauxlegers. 101

Souslieutnants.	Patent.
Johann August Dürfeld.	3 Nov. 1798
Friedrich Carl v. Crausbaar.	28 Jun. 1799
Friedrich Ludwig August v. Rüxleben.	15 Oct. 1800
Friedrich Constantin Heinrich v. Urlaub.	19 Nov. 1801
Camillo Dir.	13 Oct. 1802
Curt Heinrich v. Broitzem.	5 Jan. 1803
Wilhelm Leopold Ferdinand v. Bißing.	2 März 1803
Carl August v. Böhme.	9 Febr. 1804
Franz Friedrich Maximin Graf v. peralta-Renaud.	7 Febr. 1805
Carl Moritz v. Wolffersdorff.	11 May 1805
August Carl Gustav v. Trützschler.	29 Aug. 1805
Friedrich Christian v. Bergstein.	30 Aug. 1805
George v. Serentheil und Gruppenberg.	31 Aug. 1805
Carl Wilhelm v. Könneritz.	14 Aug. 1806
Ernst v. Ziegler und Klipphausen.	22 Sept. 1806

Abb.02 Die Sousleutnants des Chevauxlegers Regiments von Polenz in der Stamm- und Rangliste von 1807

II. Schriftstücke

Bestand

der mobilen Eskadron von den Regimentern Prinz Johann und
von Polenz Chev: leg:

Benennung	Division		1ste
	Eskadron		aus den Regimentern Prinz Johann und von Polenz
	Quartierstand		St. Albrecht
Sollen unter Waffen stark sein	Mann	Offiziers	9
		Unteroffz. und Gemeine	190
		Summa	199
	Pferde	Offiziers	39
		Unteroffz. und Gemeine	190
		Train	5
Sind abwesend			
Kommandiert	Mann	Offiziers	
		Unteroffz. und Gemeine	67
	Pferde	Offiziers	
		Unteroffz. und Gemeine	68
		Train	4
Krank im Lazarett		Offiziers	1
		Unteroffz. und Gemeine	2
Kriegsgefangene		Offiziers	
		Unteroffz. und Gemeine	
Effektiver Bestand nach Abzug der Toten, Deserteurs	Mann		180
	Pferde	Unteroffz. und Gemeine	173
		Train	5

Sign:
Kantonierungsquartier St. Albrecht
den 20^{n} März
1807

Carl Heinrich von Broizem
Adjut.

Das Detachement von 57 Pferden unterm Hauptm: v.Raschau ging den 14^n huj: bis Kloster Ohra, den 15^n auf den halben Weg nach Lauenburg, den 16^n bis Lauenburg, den 17^n bis Mannewitz. Der Capitaine hat nichts anderes vom Kommandant erfahren, als dass sie nach Kolberg gingen um Geschütz zu holen. Dabei hat er doch jedesmal eine gewisse Vorsicht durch Feld u Fußwacht beobachten lassen.

Den 18^n früh 6 Uhr, wo größtenteils die Leute aufgezäumt hatten u auf einen herrschaftl: Hof in mehreren Ställen standen, kommen aus einem Wald diesen zu beobachten ein polnisches Piquet von 12 Mann postiert war, wurden die Polen von den preuß: Vorposten zurückgedrängt u kommen zugleich mit den Preußen ins Dorf. Die Mehresten dergl: waren im Stande ihre Pferde ins Freie zu bringen, doch ward wie allen solchen Gelegenheiten u weil die Polen der Formierung mehr hinderlich wurden, so fing sich das Gefecht einzeln an, u da die Preußen ungleich stärker, u der Terrain sehr übel war u die Leute nicht bekannt, so konnte nicht fehlen, dass die Sachsen großen Nachteil hatten. Die Preußen werden fast auch so viel verloren haben u fechtend zogen sich eine halbe Stunde weit zurück.

Die Stärke der Preußen ist an Kavallerie gewiß 200 Mann gewesen, eine Trupp Jäger bei sich hatten u Infant: an den Wald aufmarschierte.

Der Verlust ist folgender

von Prinz Johann			von Polenz		
1 Chir:	Kummer	1 Pf:	1 Fourier	Helbig	1 Pf:
1 Dr:	Zschachlitz	1 ´´	1 Dr:	Gerez	1 ´´
1 ´´	Fink	1 ´´	1 ´´	Schurpte	1 ´´
1 ´´	Kurth	1 ´´	1 ´´	Blankenberg	1 ´´
1 ´´	Schlicke	1 ´´	1 ´´	Nasche	1 ´´
1 ´´	Weber	1 ´´	1 ´´	Seipt	1 ´´
1 ´´	Albrecht	1 ´´	1 ´´	Krause	1 ´´
1 ´´	Zimmermann	1 ´´	1 ´´	Helbing	1 ´´
1 ´´	Rost	1 ´´	1 ´´	Barth	1 ´
1 ´´	Emdter	1 ´´			

Vorzeiger dieses der Lieutenant von Broitzem ist mit 15 Mann Chevauxlegers in die Gegend von Lauenburg kommandiert, um für das 10e Armeekorps Fourage beizutreiben, und solche nach Schönfeld vor Danzig zu transportieren.

Schönfeld den 5ten May 1807

Le lieutenant général de Polenz, commandant la cavalerie du 10e corps de la grande armée

autorisé le lieutenant de Broitzem à se porter avec 15 chevaux légers, du cote de Lauenbourg, pour y faire des réquisitions en fourrages, et de les transporter à Schoenfeld devant Danzig.

Cè Schoenfeld ce 5eme May 1807

G.J.A. de Polenz

_____

Ordre
an den Königl: Sächs: Herrn
Lieutenant v.Broizem

Schönfeld den 6n May 1807

Da Ew: Hochwohlgebr: den Weg nach Neustadt nehmen wollen so sind sie allerdings zu nahe an Oliva gewesen, sie haben also nichts anderes zu tun als ungesäumt wieder zurück zu kommen, und sich als dann gegen Butow oder anders wo hin zu wenden.

v.Polenz

_____

Grande Armée   Au quartier general à Pitzkendorf
10e Corps   le 7e May 1807

Dupres les ordres a S.A. Mr: le Marechal Lefebvre Monsieur le General de Polenz est autorisé à envoyer dans le Danzig Werder un détachement a fin d'y faire prendre des fourrages et avoine tout pour les chevaux de cavalerie et d'artillerie.

Le General de Division chef de l'état major

Drouet

Les sauvegarde de Jüdland sont autorisé et s'opposer à tout réquisitions qui se feront en fourrages dans le dit village

Wotslaw le 10 May 1807

Potworowski   Curt Henry de Broizem
Commandant de la Place   Comm: du detachement de
                        requisitions au Werder

———

Ordre
an den Königl: Sächs: Herrn
Lieutenant v.Broizen und v.Schönberg

Schönfeld den 9ten May 1807

Die Hauptsache ist, dass die erste Requisition so geschwind als möglich zusammen gebracht wird, sie werden also die Leute von Ihren Detachement in die zu der Lieferung bestimmten Dörfer wie auf Exekution legen, welche den Abgang pressieren müssen, die Übernahme geschieht in Langenau, und haben sie sich nicht damit zu befassen. Die Leute so sie kommandieren müssen sich in den Dörfern wo sie stehen unterrichten ob Vorräte von Hafer, Heu und Stroh vorhanden sind. Diese Leute eskortieren auch die Fourage Wagen wenn sie nach Langenau gehen.

Mit den Hrn: Kriegs Rat Krebs haben sie wegen der Lieferung zu kommunizieren damit er Ihnen Exekutions Zetteln der Kommunen gibt, die saumselig in der Lieferung seien. Diese Ordre werden Sie Hrn: Lieutenant v.Schönberg kommunizieren, der sie auf der nähml: Art zu befolgen hat.

Kommen starke Trupps, die ohne Requisition fouragieren wollen, haben sie beiderseits mir ungesäumt Nachricht zu geben, und ihnen von weiten folgen zu lassen und sehen wo sie hingehen, nach Beschaffenheit der Umstände suche sie von hier aus zu verfolgen, oder es Ihnen abzunehmen.

v.Polenz
Gen.Lieut.

———

An
des Königlich Sächs: Herrn
Lieutenant von Briotzen von der
mobilen Chev:leger Eskadron
Hochwohlgebr:
dermalen im Lazarett zu Domnau

Nebst 1 Paket mit
50 Tlr und ein kleineres mit 11 Tlr.
Summa 61 Taler

Wargitte den 8ten July 1807

Ew: Hochwohlgebr: Zuschrift ohne Datum und Aufenthaltsort habe ich empfangen, und übersende Ihnen

	21 Taler	Traktament und Feld-Zuschuss
	40 Taler	Zuschuss
Sa:	61 Taler	

Die Effekten in einem Quersack befinden sich auf den Wagen vom Hauptmann v.Raschau, den Säbel hat der Korporal Ulbrich aufgehoben, den Sattel mit Pistolen wovon letztere auf den Platz den wir sogleich verließen geraubt wurden, hat der Lt: v.Planitz aufgehoben, und alles dieses soll bei einer schicklichen Gelegenheit Ihnen zugestellt werden. Ich wünsche Ihnen gute Besserung, wozu freilich etwas Geduld nötig sein möchte.

Ew: Hochwohlgebr:

ergebener Diener
von Schindler

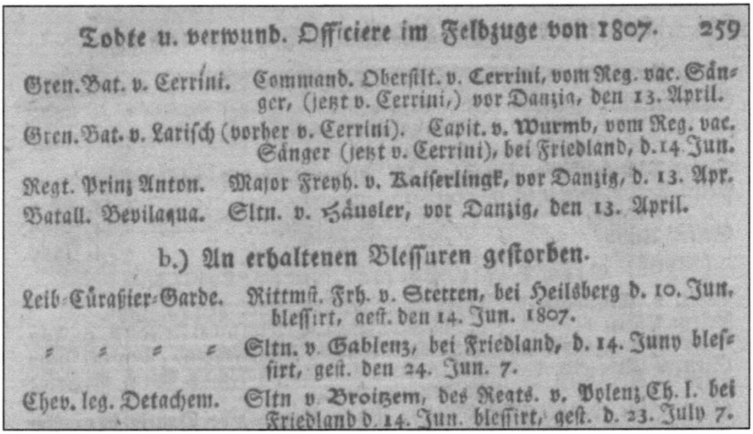

Todte u. verwund. Officiere im Feldzuge von 1807. 259

Gren.Bat. v. Cerrini. Command. Oberstlt. v. Cerrini, vom Reg. vac. Sänger, (jezt v. Cerrini,) vor Danzig, den 13. April.

Gren.Bat. v. Larisch (vorher v. Cerrini). Capit. v. Wurmb, vom Reg. vac. Sänger (jezt v. Cerrini), bei Friedland, d. 14 Jun.

Regt. Prinz Anton. Major Freyh. v. Kaiserlingk, vor Danzig, d. 13. Apr.

Batall. Bevilaqua. Sltn. v. Häusler, vor Danzig, den 13. April.

b.) An erhaltenen Blessuren gestorben.

Leib-Cürassier-Garde. Rittmst. Frh. v. Stetten, bei Heilsberg d. 10. Jun. blessirt, gest. den 14. Jun. 1807.

" " " " Sltn. v. Gablenz, bei Friedland, d. 14. Juny blessirt, gest. den 24. Jun. 7.

Chev. leg. Detachem. Sltn v. Broitzem, des Regts. v. Polenz Ch. l. bei Friedland d. 14. Jun. blessirt, gest. d. 23. July 7.

Abb.03 Eintrag in der Stamm- und Rangliste von 1808

III. Briefe von Curt von Broizem an seinen Vater

Grande Armée   St. Albert den 13n März 1807
10e Corps 1re Division   Belagerungskorps v. Danzig

Lieber Vater,

Da wir jetzt wahrscheinlich einige Tage hier stehen bleiben, so benutze ich diese Zeit um Ihnen Nachricht von meinen bisherigen Schicksalen und den Ereignissen bei der Armee zu geben, meine Funktion als Adjutant bei der Eskadron war bisher mit so vielen Geschäften verbunden, dass ich bis jetzt keine Zeit habe finden können Ihnen ausführl: Nachricht von mir zu geben. Von Gr: Glogau marschierten wir über Fraustadt Schmiegel Kostin Moscin nach Posen, wo die Kolonne den 23 Febr: eintraf. Schon bei Fraustadt kündigten die kleinen Häuser mit großen Fenstern, die kleinen Pferde, die Schweinerei in den Häusern und die Zwikelbärte der Bauern, dass wir wir in Polen wären. Indes habe ich das Glück gehabt, dass ich meist leidliche Quartiere hatte, und im ganzen habe ich Polen erträglicher gefunden als ich es mir vorgestellt hatte; in der Gegend von Warschau mag es freilich schlimmer aussehen. In Posen bin ich fast 2 ganze Tage geblieben, weil ich die Fassung der Portionen und Rationen aus den französischen Magazinen zu besorgen hatte und ohnerachtet diese Stadt durch die Durchmärsche gelitten hat, so gefiel sie mir doch sehr, und ich hatte gewünscht vor den Kriege dagesessen zu sein. Auf den Wege von Posen nach Budwin geschah es dass das 1te Batl: Anton unwillig über die fortdauernden Märsche, begeistert von den ausgeteilten Branntwein und aufgehetzt von den Einwohnern von Posen, welche ihnen ein schreckliches Bild von der Campagne entworfen hatten; sich erklärten nicht weiter zu marschieren der Fahne bemächtigten und umkehrten; indes fanden sich den anderntags die meisten nachdem der Rausch vorüber war wieder in ihren Quartieren ein. Bei dieser Gelegenheit fielen eine Menge Ungezogenheiten vor, unter andern schossen diese disziplinlosen Haufen auf ihren Marsche beständig und selbst in unsern Nachtquartier flogen die Flintenkugeln in das Haus, wo wir und aufhielten.

Den 25^n setzten wir unsern Marsch über Gnesen fort, welches eine echt polnische Stadt im ganzen Sinne des Wortes ist fort, und auf diesen Marsch ahmte das Regiment Saenger das böse Beispiel, welches Anton ihnen gegeben hatte nach und beging beinah noch größere Exzesse; allein das determinierte Betragen des General Glaffey welcher auf sie stieß, und das Bat: Cerrini und 2 Eskadrons Cuirass: aufmarschieren und die mit Kartätschen geladenen 2 Grenadstücken gegen sie richten ließ nötigte die Rebellen zur Rückkehr zu ihrer Pflicht. Dieser Vorfall nötigte uns wieder einen Tag zu rasten. Ohne weitere Auftritte dieser Art erreichten wir Bromberg, wo man schon wieder bessere Örter findet in welchen deutsch gesprochen wird. Die Desertion bei der Infanterie war an diesen Tage außerordentl: stark. Über Schwez Neuenburg Mewe setzten wir unsern Marsch ohne weitere Begebenheiten bis Dirschau fort, woselbst sich das Hauptquartier des Marschall le Febvre befand, welcher uns nun auch unter sein Kommando nahm. Dirschau war erst vor 14 Tagen durch die poln: Truppen unter den Gl: Dambrowsky erobert worden, welche nach einen 5stündigen Gefecht 500 M: Preußen daselbst gefangen nahmen. Die Polen hatten auf das entsetzlichste in diesem Städtchen, was sonst sehr wohlhabend gewesen sein muss, gehaust; was sie nicht hatten mitnehmen oder verzehren können, war zerbrochen und verdorben worden, so dass der äußerste Mangel an allen Lebensmitteln daselbst herrschte. Bei dieser Affaire war der Gl: Dabrowsky nebst seinen Sohn welcher poln: Oberster ist blessiert. Von Dirschau rückten wir in die Position vor Danzig, gleich den 1^n Tag wurden sie von unserer Infanterie und den fr: Chass: à pied aus der Vorstadt St. Albert und Ohra geworfen und bis an die Tore der Stadt verfolgt, wir ritten bis Ohra vor, wo es einige kl: Plänkeleien zwischen unsern und die preuß: Jägern abgerechnet ruhig blieb und bezogen dann die Kantonierung in St. Albert. Gestern kam es zwischen der poln: Kavallerie und Infanterie und den Preußen, welche aus dem Tor an der Weichsel einen Ausfall taten

zu einen ernsthaften Gefecht, der Sieg neigte sich bei Annäherung eines Batl: der Nordlegion auf unsere Seite. Zum Soutien
der Kavallerie dieses Flügels hat die Eskadron 50 Pf: detachie-
ren müssen, weil die poln: Kavallerie nicht recht Stand hält.
Überhaupt ist es ein Jammer diese Menschen zu sehen, von
denen keiner Meister seines Pferdes ist, und seine Waffen
eben so wenig gebrauchen kann. Dem Bischofsberg gegenüber errichtet man eine Batterie, welche den Feind vielen Ab-
bruch tun wird.

Den Nachrichten eines franz: Adjut: zu Folge der aus den
Hauptquart: des Kaisers Osterode kam, scheint der Feind näher zu sein wie als je, denn die Feindseligkeiten zwischen den
russ: und franz: Vorposten und Patrouillen die sich sehr häufig
begegnen haben aufgehört, und alle Tage sind russ: Generals
bei den Kaiser Napoleon. Gut wäre es indes doch wenn wir vor
den Frieden Danzig erobern könnten.

Meinen Dienst als Adjutant kann ich kaum mit meinen 2 Pferden bestreiten; und es würde sehr gut sein, wenn ich noch ein
3tes hätte. Es bietet sich mir eine Gelegenheit jetzt dar, für 80
Rtlr. ein Pferd wie ich es brauche von einen Infanterieoffz: zu
kaufen, wenn ich das Geld dazu auftreiben kann.

Empfehlen Sie mich meiner Mutter und meinen Geschwistern,
und behalten Sie lieb

Ihren

gehorsamen Sohn
Curt Henrich von Broizem
Adj: der Esk: Schindler

No. 3   Vorstadt St. Albrecht bei Danzig
                                              den 27n März 1807

Lieber Vater,

um zu bemerken ob einer meiner Briefe verloren gegangen ist habe ich diesen Brief nummeriert, und werde auch in der Folge damit fortfahren. Aus ihren Schreiben von 8n und 20n huj: scheint es mir als Sie meinen Brief von St. Albrecht aus nicht erhalten hätten in welchen ich Ihnen summarisch unsere Fata auf den Marsch durch Polen melde. Seit dieser Zeit sind wir zwar immer in St. Albert geblieben aber haben schon einigemal den ernsthaften Auftritten bei der Festung von weiten zugesehen, und nur ein Detachement von uns unter den Hauptmann Raschau hat einen Affaire gehabt welche für uns aber nicht gut ausfiel indem wir 19 M: Tote und Vermisste haben, und der Hauptmann selbst ziemlich stark blessiert ist.

Dieser Vorfall weil die Preußen selbst die Offiziere so abscheulich schimpften hat unsere Dragoner aufs äußerste erbittert. Gestern als den grünen Donnerstag war ein ziemlich bedeutendes Gefecht, welchen ich größtenteils in der Suite des Marschalls Lefebvre an den mich der General Polenz geschickt hatte, beiwohnte. Die Preußen hatten mit 6.000 Mann einen Ausfall gemacht, und versuchten eine Schanze welche unsere Truppen angelegt haben, in der sich aber noch kein Geschütz befindet zu erobern. Anfangs erhielten sie einige Vorteile und trieben die Polen aus der Vorstadt Stolzenberg, aber der Marschall setzte sich selbst an die Spitze der polnischen Infanterie und vertrieb sie wieder, ebenso wurde ihr 3maliger Angriff auf die Schanze dem Bischofsberg gegenüber abgewiesen, und sie sahen sich genötigt sich nach einen 7stündigen Gefecht, in welchen sie über 100 Tote auf den Platz gelassen und 300 M: Gefangene nebst 2 Kanonen verloren hatten in die Stadt sich zurück zu ziehen. Unter den Gefangenen befindet sich der Oberstleutnant Krakow, Chef eines Freikorps. Bei den gestrigen Ausfall befanden sich auch 200 M: Kosaken, unsere Kavallerie macht sich aber wenig aus ihren Piken, und sie sind nur den Polen gefährlich.

Wegen meines Dienstes als Adjutant und der Verhältnisse in welchen ich dadurch mit den franz: Hauptquartier komme wünschen Sie gern unterrichtet zu sein. Außer den Obersten Brayer Kommandant der Vorposten und eines leichten Infanterie Regiments, und den General Requin in Glogau bin ich mit keinen franz: Chef bekannt worden, es findet sich auch keine Gelegenheit dazu. Meine Funktion betreffend, so sehe ich sie als mir gerechte Strafe an welche das Schicksal über mich verhängt hat um meinen Übermut zu bestrafen, der mir eingab ohne kommandiert zu sein in die Campagne zu gehen. Denn ohngeachtet dass ich den Adjutanten Dolmetscher Fourier Wachtmeister und Commissaire des Vivres machen muss, so kann ich es doch meinen Major in keinen Stücke recht machen, denn es ist ein ganz wunderlicher Heiliger der die Leute welche das Unglück haben in Verbindung mit ihm zu stehen, noch ganz anders zu scheren und zu quälen versteht als unser Agryden, zudem habe ich das Unglück mit ihn zusammen im Quartier zu stehen. Keine andere Aussicht mich auszuzeichnen habe ich wieder nicht als jeder der in der Linie steht; besser wäre es freilich gewesen wenn ich an den Hrn: General selbstgegangen wäre. Die Pferde sind hier ziemlich wohlfeil und vielleicht kann ich nach der Eroberung von Danzig um einen sehr billigen Preis ein gutes brauchbares Roß kaufen, wenn Sie mir etwas dazu geben wollen. Im ganzen bin ich sehr geneigt meinen Posten als Adjutant aufzugeben, da mir der Hr: Major alle Tage droht mich an den komm: General zu melden, und dieser durch eine falsche Darstellung der Sache leicht eine üble Oppinion von mir bekommen könnte, und ich in meinen Verhältnissen weiter keinen Vorteil für mich sehe und auch eben keine große Gelegenheit habe meine Kenntnisse zu erweitern, doch will ich wenn keine neue Veranlassung sich darbietet, so lange warten bis Sie mir Ihre Meinung hierüber mitgeteilt haben, so schwer es nur immer werden wird, denn des Majors Betragen wird alle Tage gröber und unausstehlicher.

Haben Sie doch die Güte lieber Vater und schreiben Sie mir welche Arrangements Sie in Hinsicht meiner ökonomischen Angelegenheiten getroffen haben.

Mein Hauptmann Raschau hat sich in der für uns unglückl: Affaire sehr ausgezeichnet, und wenn wir den Platz behalten hätten, hätte er bestimmt den Orden der Ehrenlegion erhalten.

Leben Sie wohl empfehlen Sie mich meiner guten Mutter und meinen Geschwistern und behalten Sie lieb

Ihren

gehorsamen Sohn
Curt Henrich von Broizem
Sltn: u Adjut:

NB.: so eben sprach ich mit dem Rittmeister Ferber welcher bei den Marschall ist sich wohl befindet und sich Ihnen allen empfehlen lässt. Durch denselben Guten erfahre ich dass mein ungl: Eskadr:Adjut:Dienst mich verhindert hat in die Suite des Marshalls zu kommen wenn ich mit den General ging so öffneten sich für mich wirkl: Aussichten.

––––––

Domnau, 9ten Juli 1807

Lieber Vater,

Sie werden durch den Obersten von Thiollaz erfahren haben, dass ich in der Bataille bei Friedland blessiert worden bin, eine Haubitze, welche unter meinem Pferde sprang, tötete dasselbe und verwundete mich oberhalb des Knöchels am linken Fuß. Die Zerschmetterung der Knochen war so stark, dass ich mich, um mein Leben zu erhalten der Amputation unterwerfen musste, welche dann der Ober-Chirurgus Heber am 29ten Juni in Beisein des Regiments-Chirurgi Schmidt und Stabs-Chirurgi Barth mit eben soviel Geschicklichkeit als Glück vornahm, indem ich fast gar kein Blut verlor; der Fuß ist mit un-

terhalb der Wade abgenommen, und der Ober-Chirugus Heber, der mich fortdauernd mit möglichsten Fleiß behandelt,
macht mir Hoffnung, dass ich durch Hilfe eines künstlichen
Fußes nach Vollendung der Kur vollkommen gehen, ja selbst
reiten können würde. Ich bin jetzt außer aller Gefahr und ver-
spreche mir in 2 Monaten wieder hergestellt zu sein. Ich be-
finde mich anjetzt immer noch in Domnau, einem Städtchen
ohnweit des Schlachtfeldes wo man mich hin transportierte,
ich erwarte aber nur günstige Witterung, um mich nach Pelplin ins Ambulant schaffen zu lassen, zum bequemeren Transport hat mir der Ober-Chirurgus Heber eine Trage fertigen lassen, auf welcher ich durch 2 Träger von Dorf zu Dorf in seiner
Begleitung geschafft werde; wobei er mir die Versicherung
gibt, dass ich auf diese /: zwar weit langweiligere Weise bei
einem Transport von 25 Meilen :/ weniger Schmerz und Nachteil als beim Fahren haben würde.

Schmerzen habe ich anjetzt außer dem Verband wenig, auch
bin heute - als den 11ten Tag nach der Amputation - ganz Fieber frei. Das unangenehmste meiner Lage ist das beständige
liegen auf dem Rücken um den kranken Fuß in einer steten
Richtung zu erhalten. Der Ober-Chirurgus Heber ist mit der
Beschaffenheit meiner Amputations-Wunde sehr zufrieden,
doch wird die Reizbarkeit meines Körpers und meine - sonst
geschwächliche Konstitution - eine schnellere Heilung - nach
seiner Aussage - verzögern.

Übrigens wird das unangenehme meiner Lage dadurch sehr
erleichtert, dass der Kompanie-Chirurgus Stuhlmacher von
unserem Regiment, seit meines Hierseins bei mir ist und mich
mit der größten Sorgfalt wartet, weshalb er auch den größten
Anspruch auf meine Dankbarkeit zu machen hat und Ihrer Pro-
tektion empfehle. Der Ober-Chirurgus Heber hat mir ohne
Zweifel, durch seinen, zu meinem Glück noch zeitigen Rat zur
Amputation und dessen, bei derselben Ausführung bewiese-
nen Geschicklichkeit, das Leben gerettet, welches nach Aussage alle zugegen warenden Ärzte und Wundärzte bei noch 2tä-
gigen Aufschub verloren war; denn es fand sich bei Sektion
des abgenommenen Fußes eine totale Zerschmetterung des

ganzen Fußgelenkes, der Schienbeinröhre und angehender Brand.

Ich sage Ihnen bloß, dass er ebenfalls den gegründetsten Anspruch auf meine Dankbarkeit hat, Sie kennen in zu sehr, als dass ich Ihnen nochmals zur Beförderung seines Wohl bitten sollte.

Guter Vater

Meine Lage im Bette macht es mir ohnmöglich den ganzen Brief zu schreiben, daher habe ich ihn den Chirurg Stuhlmacher diktiert und füge nur zu Ihrer Beruhigung diese wenigen Zeilen eigenhändig hinzu.

Leben Sie wohl und grüßen Sie mir meine gute Mutter so wie meine Geschwister

Ihr

gehorsamster Sohn
Curt Heinr vBroizem

IV. Briefe des Oberchirurgen Heber an Carl Vicor August von Broitzem

Kloster Pelplin den 20ten July 1807

Hochwohlgeborener Herr,

Gnädigster Herr Präsident!

Ew: Hochwohlgebr: säume nicht das Weitere über den Gesundheitszustand Höchst Dero Herrn Sohnes, des Lieut: v.Broizem nach überstandenen Transport, meiner in letzten vom 8ten d.M. datierten an Hoch Dieselben eingesandten Zuschrift, gebetenen Erlaubnis gemäß, fortzusetzen, und das gegenwärtige Befinden möglichst genau zu schildern.

Nachdem sich das Befinden meines mir so werten Kranken zu meiner Freude täglich besserte, und ich dem Druck der Franzosen in Damnau nicht länger widerstehen konnte, unternahm ich am 11ten d. als den 12ten Tag nach der Amputation bei günstiger Witterung den 1sten Rückmarsch ohne alle Fatique für den Verwundeten 2 Meilen zurück. In der Stadt Eulan wurden wir einquartiert und der gute Patient vermisste keineswegs die verlassenen Bequemlichkeiten des vorigen Quartiers, denn es übertrafen diese, jene sehr weit. Nach 2stündlicher Ruhe und genossenen Abendbrot empfand der Kranke Neigung zum Schlaf, wovon Ihn jedoch ein unbedeutendes Frösteln abhielt, welches aber nach einigen Tassen waren Tee verscheucht, und dafür eine ziemlich gute Nacht bereitet wurde.

Der Morgen war so heiter als das Befinden meines Patienten, und ich vollendete diesen Tag eine eben so weite Tour bis Landsberg, bis wohin ich auch an den Umständen des Kranken keinen bemerkbaren Nachteil des fortgesetzten Marsches wahrnehmen konnte.

Nach eingenommenen Mittagsmahl und wieder einigen Stunden Ruhe kehrte ein abermaliges und etwas stärkeres Frösteln

zurück, und hinterließ vermehrte Wärme, Schweiß und Puls-
schlag, welches mich bestimmte daselbst zu übernachten um
den 3ten Marsch mit desto größerer Ruhe und Sicherheit fortsetzen zu können, doch verlängerte sich dieser, wegen einer
fast hohen atmosphärischen Temperatur bis gegen nachmittags 4 Uhr, von welcher Zeit ich bis Abends 7 Uhr einen 3
Stunden weiten Weg geendigt sah.

Diese, für mich und den Kranken nun höchst unwillkommene
Erscheinung eines Wechselfiebers verdoppelte meine Auf-
merksamkeit, und das Bestreben durch anhaltendere Märsche
den Ort unserer Bestimmung früher zu erreichen, weil teils
medizinische und diätische Verpflegung in allen Städten die
wir passierten, aufs engste eingeschränkt und meine guten
Vorräte an Binden, auf einen bloß unbedeutenden Marsch
eingerichtet, weil wir aber auch in jeder Stadt dem fühlbaren
Druck der großen Nation ausgesetzt waren, so dass wir selbst
2mal in Elbing und Marienburg nicht einmal ein Nachtquartier
bekamen; der Ausführung meines Vernehmens war um so
weniger entgegen zu setzen da das Fortkommen meines Kranken äußerst bequem, und auf einer wie ein Bett gestalteten
halb verdeckten Trage durch 2 Träger von Dorf zu Dorf geschah, wodurch auch der geringsten Fatique zuvorgekommen
war, wovon mich das stets vortreffliche Ansehen der Amputations Wunde, die regelmäßige Eiterung, und schwächere, länger aussetzende, Fieberanfälle am gewissesten überzeugten.

Ich habe dabei sehr kräftig stärkende Mittel fortgesetzt, da die
Ursache des Fiebers in nichts, als in der so schwächlichen Konstitution meines, mir ewig schätzbaren Kranken zu suchen ist,
habe jedoch neben bei jedoch auch aufs Fieber gewirkt, so,
dass ich so glücklich war die Kontinuation meines Transport
durch keine stärkere Parequens unterbrechen zu sehen, und
ich deshalb den 19ten d. allhier eintreffen konnte.

Dem Herrn Stabs-Medico Dr. Schoen habe ich sogleich meine
Ankunft und die Umstände meines Kranken aufs genaueste
gemeldet, und kann daher auf seine gütigste Unterstützung
die baldigste Rechnung machen.

Die Herrn Stabs-Chirurgen Barth und Wehrmann haben sich davon persönlich überzeugt, und meine vorherige Prozedur sowohl, als die gegenwärtige sehr gebilligt und beibehalten.

Der Zweck aller angewendeten und angeordneten Mittel geht, nebst unser aller Bemühen dahin, das nunmehr anhalten Fieber zu mäßigen, und dessen Neigung zum Nervenfieber abzuhalten, was wegen seiner kränklichen Konstitution und der daher krankhaften Nervenreizbarkeit und lebhaften Einbildungskraft leider nur zu sehr zu fürchten ist.

Die Amputations Wunde gibt die allergrößte Hoffnung, das Fieber aber hebt diese wieder auf - so dass ich zu den, für Höchstdieselben und gewiß auch mich schmerzlichen Geständnis gezwungen bin, dass Furcht und Hoffnung auf das Leben des Patienten gleiche Ansprüche zu machen haben.

Kann ich Ihm, meinen Kranken durch meine unermüdete Tätigkeit, durch das Erschöpfen meines ganzen Wissens, und durch Aufopferung meines Lebens das Leben retten so geschieht es gewiß, denn meine Liebe und Achtung für Ihn ist ohne Grenzen, weil Er mich mit unbedingten Zutrauen und wahrer Freundschaft dafür belohnt.

Die Entscheidung seiner Krankheit geht daher auf Kosten meiner eigenen Ruhe, sie wird bestimmen, ob ich in Zukunft zufrieden oder unzufrieden sein werde.

Wollte doch Gott, das ich Hochdenenselben, und mir, die erfreuliche Nachricht und Trost bald zurufen könnte, dass dem so guten braven Kranken keine Gefahr mehr droht - bis wohin ich in tiefster Ehrfurcht und Untertänigkeit verharre

Ew: Hochwohlgebr:

untertänigsterDiener
Johann Gottlob Heber
Ober Chirurg

Graudenz den 7ten Septbr:1807

Hochwohlgeborener Herr

Gnädigster Herr Präsident!

Ew: Hochwohlgebr: sehr gnädiges Scheiben vom 18ten Aug:
erhielt ich gestern zu meiner größten Beruhigung und Freude,
und ich säume auch nicht Höchst Dero Befehlen Genüge zu
leisten die zwar für mich höchst traurige Pflicht zu erfüllen
Ihnen den so bitteren Schmerz, den Dieselben durch den frü-
hen unerwarteten Tod Ihres geliebten Sohnes empfingen, dadurch wieder zu erneuern, und die kaum verharschte Wunde
wieder aufzureißen — Ich rufe mir freilich dabei alle die traurigsten Empfindungen wieder zurück, die ich damals empfand,
als ich an den Kranken und Sterbe Bette des Entschlummerten
stand — schmerzhaft musste mir sein, nicht etwa aus Mitleid
eines leidenden allein, sondern aus Hochschätzung eines bied-
ren edlen Charakters, dessen oft im Leben still verborgener
Wert für den Sterbenden selbst, und den, der um ihn war -
ganz sichtbar wurde.

Doch ich gehorche da ich das Glück habe bei den leidgebeug-
ten Herrn Vater des Verblichenen dasselbe Zutraue zu finden,
welches mir der Vollendete mit großer Auszeichnung so
freundschaftlich schenkte, indem ich, statt über meine Bemühungen, deren Erfolg leider zuletzt doch fruchtlos blieb, klagen
zu lesen, Dank und wahre Versicherungen gnädigster Erkennt-
lichkeit erhalten habe; und ich gehorche auch gern weil mir so
wohl mein Inneres die Überzeugung gibt, dass ich getan habe,
was ich als Mensch nur immer konnte, als auch aus reinster
tiefer Ehrfurcht für den zärtlichen Vater, dessen guter Sohn
leider nur auf kurze Zeit mein bester Freund war.

Nach Absendung meiner gehorsamsten Nachricht vom 20ten
July über den Zustand meines teuren Patienten, nahmen die
Zufälle des Nervenfiebers mit jeden Augenblick zu, und der

Kranke der stets mit männlicher Gelassenheit seine Tage überblickte, ahnte heute zum erstenmale Gefahr, keineswegs aber den nahen Tod — bemühte sich mir das Resultat meiner Bemühungen abzulocken — beruhigte sich aber sogleich, wenn ich Ihm tröstende Hoffnung machte, ach, und zur Belohnung erhielt ich allemal einen herzlichen Händedruck mit dem Ausruf: mein Retter, meines alten Lebens! — wie sehr blutete mir da das Herz!

Den 21ten traten abwechselnd leichte Delirien ein, und der Charakter des Typhus war nun unverkennbar.

Den 22ten wurden sie lebhafter und hielten an, doch war er den Vormittag darauf noch zu rufen. — Den Abend aber war Er seiner Seelenkräfte nicht mehr Herr, und in diesen Zustand blieb Er bis zu seinem Ende.

Den 23ten als den traurigsten Tag meines Lebens habe ich in Beisein des Stabs-Medici Herrn Dr. Schoen die Amputations Wunde nicht einmal verbunden, und diese hatte, ob uns schon die übrigen Zufälle des Nervenfiebers nicht einen Funken Hoffnung zur Rettung übrig ließen, das beste Ansehen.

Der Zustand völliger Bewusstlosigkeit dauerte gerade 2 $1/2$ Stunden während welcher Zeit Ihn die lebhafte Idee militärischer Vorfälle immerwährende beschäftigte, und so starb er den 23ten Juli Abends gegen 10 Uhr ohne bemerkbare Zeichen eines empfundenen Schmerzes.

Bei der Sektion fand ich so wie der Herr Dr. Schoen keinen auffallenden Lokal Fehler, bloß einen Wasserbruch der Scheidenhaut des rechten Testikels.

Der Herr Dr. Schoen hat dem schätzbaren Kranken die letzten 2 Tage mit der größten Sorgsamkeit bedient, der Chirurg Stuhlmacher und Groll, letzterer besonders waren die, welche mir hilfreiche Hand leisteten, sind aber beide auch nur kürzlich jenen Seeligen gefolgt.

So habe ich denn nun endlich die mir so schwere Pflicht erfüllt, und es bleibt mir nichts mehr übrig, als das Meinige, sei es auch noch so wenig, zum Troste der betrübten Eltern beizutragen; allein, wer des Verlustes teilt teilt auch den Schmerz, und ich schmeichle mir deshalb gnädigste Verzeihung, wenn ich nichts mehr als nur versichern kann, dass der Schmerz den ich durch den Tod meines mir ewig werten Freundes, Höchst Dero schätzbaren Sohnes, empfinde, namenlose Wehmut in meiner Brust zurückgelassen hat, und dass ich die wärmste Teilnahme an Ew: Hochwohlgebr: so hartes Schicksal nehme.

Ich empfehle mich Höchst Dero gnädigster Wohlwogenheit, und nur beiläufig vergönnen mir Ew: Hochwohlgebr: in Untertänigkeit melden zu dürfen, dass ich seit den 26ten Aug: die Stelle des damals krank gewordenen nunmehr verstorbenen Stabs-Chirurgen Sacken beim Generalstab vikariiere, und an deren wirkliche Besetzung jetzt nun gearbeitet wird, der Herr Gen:Lieut: v.Polenz gnädigst um mich angetragen, die Bestimmung derselben aber einen Hohen Kriegs Kollegium überbliebt - so bitte ich noch ganz besonders um Ew: Hochwohlgebr: allergnädigste Mitwirkung, wo ich nun um so eher und gewisser dann der Realisierung meines Wunsches entgegen sehen dürfte.

Höchst Dero Frau Gemahlin empfehle ich mich zu hohen Gnaden und mit tiefster Ehrfurcht und Untertänigkeit verharre

     Ew: Hochwohlgebr:

             ganz untertänigster teilnehmender Diener
             Johann Gottlob Heber
             Ober Chirurg

Verzeichnis der genannten sächsischen Offiziere

Bauern, Hans Ludwig Raimund Bauer von / IR Bevilaqua / Sousleutnant / 28.08.1802

Berge, Alexander Ludwig von / IR Saenger / Stabscapitain / 05.04.1807

Berneck, Carl Gottlob Müller von / IR Prinz Anton / Oberstleutnant / 19.09.1806

Böltzig, Ferdinand Gottlob Leopold von / CR Prinz Johann / Premierleutnant / 17.02.1797

Britzke, Carl Friedrich von / IR Prinz Anton / Capitain / 12.08.1804

Broizem, Curt Heinrich von / CR von Polenz / Sousleutnant / 05.01.1803

Cerrini, Franz von / IR Saenger / Oberstleutnant / 24.2.1806

Dallwitz, Johann Adolph von / IR Saenger / Genadiercapitain / 12.09.1798

Dürfeldt, Johann August / CR von Polenz / Sousleutnant / 03.11.1798

Dürfeldt, Joachim Heinrich Carl Friedrich von / IR von Low / Sousleutnant / 04.01.1807

Dyherrn, Ludwig Ferdinand von / Generalmajor / 14.09.1806

Egidy, Major

Ferber, Franz Carl Ludwig Freiherr von / KR König / Rittmeister 24.02.1802

Guden, Carl August von / IR Bevilaqua / Stabscapitain / 01.09.1805

Häußler, Johann Friedrich Heinrich von / IR Bevilaqua / Sousleutnant / 10.08.1803

Hartitzsch, Friedrich George von / IR Bevilaqua / Oberst / 18.01.1807

Hille, Gustav Ernst / IR Saenger / Sousleutnant / 18.12.1805

Keyserlingk, Adolph Moritz Freiherr von / IR Prinz Anton / Major / 09.10.1806

Klösterlein, Adolph Friedrich von / IR Prinz Anton / Fähndrich / 01.01.1807

Könitz, Johann Adolph von / IR Bevilaqua / Major / 16.08.1803

Kracht, Gottlob Alexander Ernst von / IR Saenger / Premierleutnant und Grenadier-Adjutant / 02.02.1807

Langenau, Carl Friedrich Gustav von / IR König / Sousleutnant / 27.08.1805

Obernitz, Carl August Friedrich von / IR Bevilaqua / Premierleutnant und Adjutant / 05.07.1799

Oebschelwitz, Johann Adolph von / Generalmajor / 22.07.1804

Oertzen, Graf von / KR König / Sousleutnant / a) August Wilhelm / 03.10.1800 und b) Moritz Victor / 29.09.1806

Pape, Johann Gottlieb Leopold von / CR Prinz Johann / Stabscapitain / 12.09.1806

Planitz, Carl Heinrich Rudolph Edler von der / CR Prinz Johann / Sousleutnant/ 23.03.1804

Polenz, George Friedrich August von / Generalleutnant / 23.07.1804

Raschau, August Carl Adam von / CR von Polenz / Capitain / 20.09.1797

Salza und Lichtenau, Heinrich von / IR Prinz Anton / Premierleutnant / 13.08.1802

Schindler, Adolph Ludwig von / CR Prinz Johann / aggr. Major / 16.01.1807

Schmidt, Friedrich Anton Gottlieb / IR Bevilaqua / Regiments-Chirurg / 28.01.1807

Schön, Dr. Heinrich August / Stabs-Medicus / 1795

Schönberg, Rudolph Wilhelm von / KR König / Sousleutnant / 08.08.1806

Solms und Tecklenburg, Friedrich August Graf zu / KR König / Prmeirleutnant / 08.08.1806

Tettenborn, Bernhard Carl von / CR von Polenz / Premierleutnant / 17.02.1807

Thiolaz, Emanuel Johann Joseph de / Leib-Grenadier-Garde / Oberst / 06.02.1807

Trotha 3te[6], Wolf Heinrich von / CR von Polenz / Premierleutnant / 20.08.1802

Westin, Joseph Franz von / IR von Low / Sousleutnant / 26.02.1801

Wiedebach, Adam Maximilian Ehrenreich von / CR Prinz Johann / Sousleutnant / 06.03.1805

Wilucky, Paul David Wilhelm von / IR Saenger / Premierleutnant / 22.01.1807

Quellen

Hauptstaatsarchiv Dresden
Bestand 12576 Familiennachlass von Broizem
No. 93, 95, 96, 97, 275, 276, 277, 278, 281, 283, 284, 285

Stamm- und Rangliste der Köln: Sächsischen Armee auf das Jahr 1807 - Dresden 1807

Stamm- und Rangliste der Köln: Sächsischen Armee auf das Jahr 1808 - Dresden 1808

------

[6] wurde mit Patent vom 17.02.1807 Stabscapitain und durch den Premierleutnant von Tettenborn ersetzt

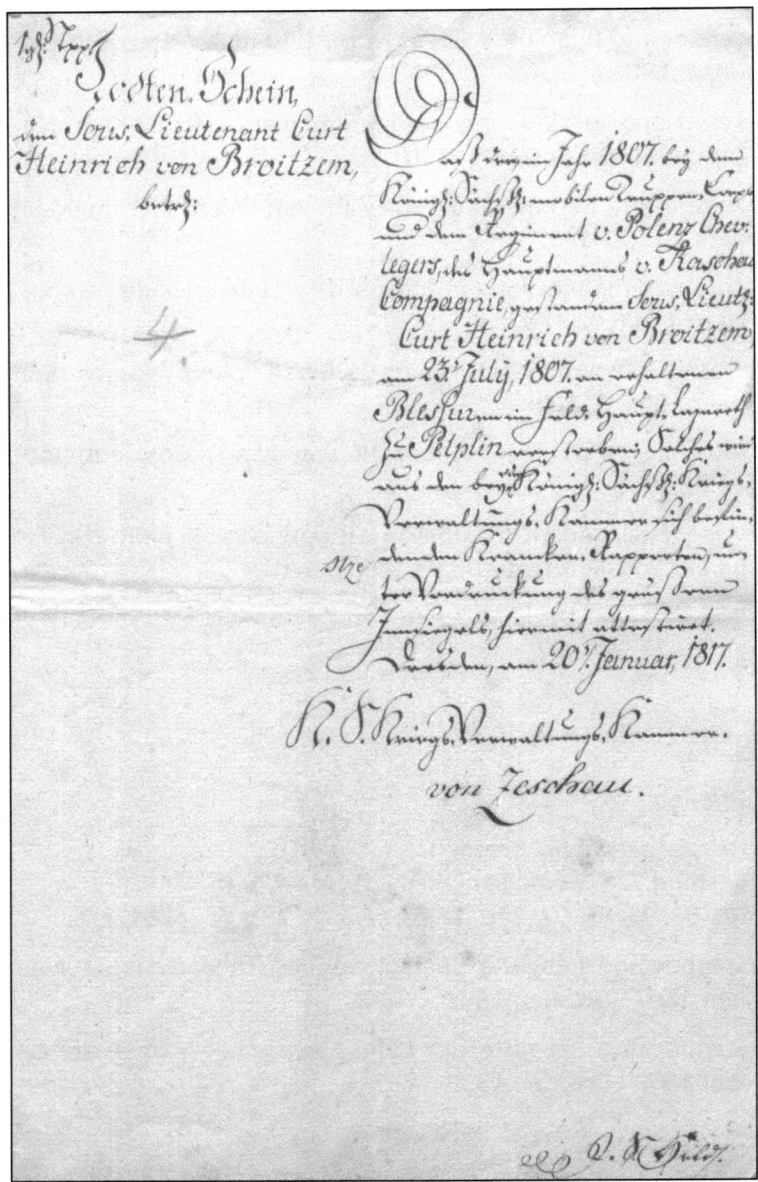

Abb. 04   Totenschein vom 20.01.1817

Bei BOD sind in dieser Reihe an Berichten und Tagebüchern bisher u.a. erschienen:

No. 2 Die Berichte der sächsischen Truppen aus dem Feldzug 1806 (I) – Brigade Bevilaqua

No. 3 Die Berichte der sächsischen Truppen aus dem Feldzug 1806 (II) – Brigade Burgsdorff

No. 4 Die Berichte der sächsischen Truppen aus dem Feldzug 1806 (III) – Brigade Dyherrn

No.12 Die Geschichte der reitenden Artillerie 1802 - 1809

No.26 Friedrich Vollborn (III) 28.03.1813 bis 15.03.1814

No.34 Friedrich Vollborn (IV) 16.03.1814 bis 02.01.1816

No.35 Die Berichte der sächsischen Truppen aus dem Feldzug 1806 (IV) - Brigade Cerrini

No.37 Johann Carl v.Dallwitz (18.02.1812-10.09.1815) und Adolf George v.Göphardt (14.05.-22.09.1813)

No.40 Friedrich Vollborn (I+II) 16.04.1808 bis 27.03.1813

No.41 Friedrich Gottlieb Probsthayn – Das Tagebuch vom 14.05.1813 bis 29.09.1814

No.43 August Friedrich Wilhelm von Leysser – Die Erinnerungen des Kommandeurs der Garde du Corps 1812

No.45 Carl Friedrich Ferd. Böhme: Tagebuch 2te Periode (I) 21.06. bis 09.11.1812

No.46 Carl Friedrich Ferd. Böhme: Tagebuch 2te Periode (II) 10.11.1812 bis 11.05.1813

No.50 Tagebücher aus dem Feldzug 1809 (I): Die Infanterie-Brigade von Lecoq

No.51 Tagebücher aus dem Feldzug 1809 (II): Carl Kändler und George von Bose

No.54 Tagebücher aus dem Feldzug 1809 (III): Avantgarden-Brigade von Gutschmidt und Carl August Schneider

No.55 Tagebücher aus dem Feldzug 1809 (IV): General von Zeschau 15.04. bis mit 25.10.1809